傻瓜

人生很難，那是因為你不懂裝傻

們都有這樣的朋友：

管遇到什麼氣惱的事，他們都能體諒對方、包容疏失，笑起來時就像個傻瓜……

實，善用傻瓜哲學的人，才是真正的大智慧家──

韓立儀 著

傻瓜哲學

人生很難，那是因為你不懂裝傻

目錄

傻瓜哲學
人生很難，那是因為你不懂裝傻

第五章　「不倒翁」定律

第六章　感官定律

第七章　減壓定律

傻瓜哲學
人生很難，那是因為你不懂裝傻

第十章　出行定律

傻瓜哲學
人生很難，那是因為你不懂裝傻

前　言

　　「傻瓜」形容一個人有點愚笨跟天真。說你像個傻瓜，或許是表現在工作上不會轉彎，或許是對感情非常執著，或許不擅長交際，或許是做了愚蠢的決定。如果有一天你被這麼說，不要急著難過，至少這代表你活得很真實，忠於原味，不虛偽世故。這樣的人或許不容易一步登天，但永遠隨性自在，像水裡悠游的魚，永遠簡簡單單、快快樂樂。

　　快節奏的都市生活讓我們面臨巨大的精神壓力，緊張、煩躁、憂鬱、多疑……一旦讓這些不健康的心理主導生活，往往會引發嚴重的後果。據悉，城市中處於亞健康狀態的人高達 70%。越來越多的人已經意識到，快樂的生活和工作比權勢、高薪更為重要。可是，單有意識是不夠的，我們必須從身邊的每一件事，每一種習慣，每一次行動做起，享受真正的自我快樂感受。

　　《人生傻瓜哲學》並沒有什麼高深的理論，很多道理也是常被他人提及甚至提及多次，但我們只是想讓那些常常被人們忽略的關於生

傻瓜哲學
人生很難，那是因為你不懂裝傻

存、生命與生活的真理再次被點醒，使讀者朋友透過閱讀的快感使心靈再次得到滿足。讓終日奔波忙碌、迷失自我的人們能夠靜下心來，重新品味平凡人生的美麗與精彩。

二十一世紀，我們已經進入了「心經濟時代」，即從物質消費為主轉向了追求精神消費為主，畢竟僅有物質的富足還不足以擁有美滿的人生。

想要快樂幸福，從明天起，做個快樂的傻瓜吧！

——編 者

楔　子

◆　尋根究底說快樂

　　喜好快樂是人的天性，人活著，大概沒有幾個人願意在憂愁苦悶中輾轉。一個衣食無愁的人，如果他沒有什麼特別的愛好，他的生活一定空虛無聊；相反，一個清貧的農夫，每日早出晚歸，在風霜雨雪中穿梭勞作，或許有著連皇帝也享受不到的快樂。

　　孤獨憂悶，往往由於人的夢想太高，慾望過多。他們不能安於恬適，嚴修操守，而是為著一種夢想中的事物茶飯不思、抑鬱寡歡。他們錯了嗎？或者他們對了？這些都讓人們在認識上失之毫釐而差之千里。

　　人類天生不安於現狀，然而還是碰壁者居多，人碰壁的次數多了，就要不斷修正自己的認識和想法，以求與現實的通融。

　　每個人的內心都是一座寂寞的城市。中國人受到儒道影響較多，太習慣於隱忍和沉默，太習慣於步步為營，從小就灌輸了把責任推給

別人。只要跌倒了就把責任推到地上，撞到桌腳就是桌腳不好，因為我們不懂得負責任。

對於幼稚園的早期教育，專家認為應在進行智力教育之前，先幫他認識什麼是情緒？舉個例子來說，比如孩子不小心撞到桌腳就會哭，想要父母安慰她，這時父母只要看她沒什麼嚴重的傷，就應先處理她的情緒，那比擦藥更重要。這時父母應該說：「請問我的小寶貝，你為什麼哭呢？」她說：「我撞到桌腳了！」「那是桌腳撞你還是你撞它？」「我撞它。」「那是誰的錯？」「我的錯。」人首先要知道是誰的錯誤。現在的父母只忙著帶小孩去麥當勞，好讓她不要哭，但並不知道孩子哭的真正原因是什麼。

之後，父母再問孩子：「既然你撞到桌腳，你的腳比較硬還是桌子比較硬？」「當然是它硬啊！」「所以現在是你痛還是他痛？」「當然是我痛啊！」「那就對了，所以你現在哭是很正常的。」順便告訴她煩惱憂慮傷心是對的事，因此應該哭，而且會哭很久，做父母的應該要蹲下來陪她哭，而不是威嚇她不許哭。每個人的情緒一定要自己處理，別人最多只能分享。

這樣經過三個問題的處理後，情緒已經緩和了，接著要教她馬上自己處理情緒。可以這樣發問：「請問我家的小寶貝，你要哭十分鐘還是五分鐘？」這麼一問，孩子馬上哭得不那麼厲害了，因為這問題對她來說是非常嚴重的。此時她會說：「我要哭三分鐘！」甚至是「八萬分鐘！」「好，那媽媽（爸爸）陪你哭！」像這樣，當情緒來時都這樣地接受、擁抱、享受之後，過不了半分鐘，她自己就不耐煩地站起來說：「媽媽（爸爸），我們去看卡通好嗎？」這不是讓她自己處理得很清楚了？

　　同樣地，平常與父母爭執，夫妻吵架時，我們沒有得到一個教訓：「我到底哪裡不舒服？」我們不清楚自己為何發脾氣，找不出原因，不清楚是他的錯或自己的錯；最後會發現很多夫妻爭吵，到後來真正為何生氣已經不記得了。當初的疑團像雪球一般愈滾愈大，可是當初可能只是小事情，就因為我們將情緒加以管理，就忍耐著不講出感受，最後爆發。所以，絕對要很清楚自己的情緒。如果現在你失戀了，真的很痛苦，這時候不是找朋友玩三天，而是到某一個安靜的角落自己去哭三個小時。可以跟老闆請一天假待在家痛哭，只要哭了半天就會不耐煩了。所以說，一個人的情緒必須要確認它、擁抱它、發洩它、接受它。這樣才能從根本上得到快樂。

◆　一個老掉牙的故事

　　有個人到海邊釣魚時，來了個聰明人跟他說：「你應該租一艘船到河流經過的地方，就可撈到更多的魚啊！」

　　釣魚的人緊張地問：「可是要那麼多的魚怎麼辦？」

　　聰明人說：「你真笨啊！你可以租個工廠做魚罐頭行銷全世界，變成大老闆啊！」

　　釣魚人說：「當老闆要幹什麼？」

　　聰明人說：「那你就會有私人飛機，可以飛到海島上悠悠哉哉地度假啊！」

　　釣魚人問：「那我度假要幹嘛？」

　　聰明人又說：「你度假可以拿罐啤酒，悠悠哉哉地在海邊釣魚啊！」

釣魚人很生氣地說：「那不就是我現在正在做的事情嗎？為何你要叫我繞這麼大一個圈子，再回來做我本來就可以做的事？」

這說明了什麼？你本來就可以快樂，但你捨近求遠。今天我們之所以活得很辛苦，就是因為我們太聰明了，都想高人一等，這就是好比「站著看電影」——看電影時，如果前排的坐著的人想要站起來看，後排的人要不要站？結果大家全站起來了。看電影就像看人生嘛！人生本來是很有趣的事，但因為大家都要「站著看電影」使得大家都很累。因為聰明人不能輸在起跑點上，所以很可能會踩著高蹺看電影，到時候也許他活得更聰明，但會更累，比現在更不快樂。

所以，請你一定要把這個老掉牙的故事永遠帶在身邊。如果你天天失眠、胃痛、不舒服，覺得自己做的事都是對的，那請你照鏡子時看看，如果連自己都討厭自己時，就不要怪別人不喜歡你。當你照鏡子時，你喜歡看自己嗎？只要喜歡，就別管其他，至少你已經對自己的人生負責。

◆ 你是否是個快樂的傻瓜

請你根據自己的實際情況，對下面 15 個問題如實回答，然後對照後面的分數統計表計算分數，再看分數評語，你就會知道自己是否是個快樂的傻瓜，善於交朋友，以及人緣如何。

	A	B	C
1· 你和朋友們在一起時，過得很愉快，是 不是因為：			
A· 你發現他們很有趣，既愛玩又會玩？			
B· 朋友們都很喜歡你？			
C· 你認為不得不這樣做。			
2· 當你休假的時候，你是否：			
A· 很容易交上朋友			
B· 比較喜歡自己一個人消磨時間			
C· 想交朋友，但發現這不是一件很容易的事情			
3· 當你安排好要見一個朋友，但你又感到很 疲倦，卻不能讓朋友知道你的這種狀況 時，你是否：			
A· 希望他能諒解你，即使你沒有到朋友那裡			
B· 還是盡力去赴約，並試圖讓自己過得愉快			
C· 到朋友那裡了，並且問他如果你想早回家，他 是否會介意			
4· 你和朋友的關係一般都維持多長時間？			
A· 一般情況下不低於一年			
B· 有共同感興趣的東西時，也可能一起待幾年			
C· 一般時間都不長，有時是因為遷居別處			

傻瓜哲學

人生很難，那是因為你不懂裝傻

5．	一位朋友向你吐露了一個非常有趣的個人問題，你是否：			
A．	盡了自己最大努力卻不讓別人知道它			
B．	根本沒有想過把它傳給別人聽			
C．	當朋友離開，你就馬上找別人來議論這個問題			
6．	當你有問題的時候，你是不是：			
A．	通常感到自己完全能解決這個問題			
B．	向你所能依靠的朋友請求幫助			
C．	只有問題十分嚴重時，才找朋友			
7．	當你的朋友有困難時，你是否發現：			
A．	他們馬上來找你幫助			
B．	只有那些和你關係密切的朋友才來找你			
C．	通常朋友們都不會來麻煩你			
8．	你要交朋友時，是不是：			
A．	透過你已經熟識的人			
B．	在各種場合都可以			
C．	僅僅是在一段較長時間的觀察、考慮，甚至可能經歷了某種困難之後才交朋友的			
9．	在這裡的三種品質中，哪一種你認為是你的朋友應該具備的：			
A．	使你感到快樂和幸福的能力			
B．	為人可靠、值得信賴			
C．	對你感興趣			

10．	下面哪一種情況對你最為合適，或者接近你的 實際情況：			
A．	我通常讓朋友們高興地大笑			
B．	我經常讓朋友們認真地思考			
C．	只要有我在場，朋友們會感到很舒服、愉快			
11．	假如讓你應邀參加一次活動，或者在聚會上唱 歌，你是否：			
A．	找藉口不去			
B．	只參加有興趣的			
C．	當場就直率地拒絕邀請			
12．	對你來說，下面哪個是真實的？			
A．	我喜歡稱讚和誇獎我的朋友			
B．	我認為誠實是最重要的，所以我常常不得不持 有與眾不同的看法，我討厭鸚鵡學舌			
C．	我不奉承也不批評我的朋友			
13．	你是否發現：			
A．	你只能和那些能夠與你分擔憂愁和快樂的朋 友們相處得比較融洽			
B．	一般說來，你幾乎和所有的人都能相處 得比較融洽			
C．	有時候你甚至和對你漠不關心、不負責任的人 都能相處下去			

傻瓜哲學

人生很難，那是因為你不懂裝傻

14· 假如朋友對你惡作劇，你是否：			
A· 跟他們一起大笑			
B· 感到氣惱，但不溢於言表			
C· 可能大笑，也可能發火，這取決於你的情緒			
15· 假如朋友想依賴你，你有什麼想法？			
A· 在某種程度上不在乎，但還是希望和朋友保持一段距離，有一定的獨立性			
B· 很不錯，我喜歡讓別人依賴，認為我是個可靠的人			
C· 我對此持謹慎的態度，比較傾向於避開可能要我承擔的某些責任			

1· A3 分 B2 分 C1 分

2· A3 分 B2 分 C1 分

3· A1 分 B3 分 C2 分

4· A3 分 B2 分 C1 分

5· A2 分 B3 分 C1 分

6· A1 分 B2 分 C3 分

7· A3 分 B2 分 C1 分

8· A2 分 B3 分 C1 分

9· A3 分 B2 分 C1 分

10· A2 分 B1 分 C3 分

11· A2 分 B3 分 C1 分

12· A3 分 B1 分 C2 分

13．A1 分 B3 分 C2 分

14．A3 分 B1 分 C2 分

15．A2 分 B3 分 C1 分

分數評語

　　36—45 分　　你對周圍的朋友很好，你們相處得不錯。而且，你能夠從平凡的生活中得到很多樂趣。你的生活是比較豐富多彩的而且充實的，你很可能在朋友中有一定的威信，他們很信任你。總之，你會交朋友，你的人緣很好，你是一個自信的人，是個快樂的傻瓜。

　　26—35 分　　你的人緣不怎麼好，你和朋友們的關係不牢固，時好時壞，經常處於一種起伏的狀態中，這就表明，一方面你確實想讓別人喜歡你，想多交一些朋友，儘管你做出很大努力，但是別人並不一定喜歡你，朋友跟你在一起可能不會感到輕鬆愉快。你只有認真堅持自己的言行，虛心聽取那些忠言逆耳，真誠對待朋友，學會正確地待人接物，你的處境才會改變。建議你換一份童真的心情，慢慢去感受快樂的本質。

　　15—25 分　　那就太糟糕了！可以說你基本與「傻瓜」無緣。你很可能是一個孤僻的人，腦袋不活躍、不開朗、喜歡獨來獨往。但是，這一切並不意味著你不會交朋友，更不能武斷地說你人緣差。其主要原因在於，你對於社交活動，對人和人之間的關係不感興趣。但是，請你記住，一個人生活在社會中，就不可能不和人交往，認識到這一點，你就會積極地改善自己的交友方式了。

傻瓜哲學

人生很難，那是因為你不懂裝傻

第一章 幸福定律

　　貪婪之心是個無底洞，佔有的越多失去的也就越多。傻瓜之所以快樂無憂正是因為他有一顆樂天知足的心。

　　當然，在尋求快樂的路上，傻瓜也並非裹足不前，守株待兔，而恰恰是主動地去尋找那份屬於自己的快樂，抓住並擁抱快樂。

◆ 幸福就是自己感覺幸福

幸福是一種感覺，旁觀者只能從你的表面看到你是否幸福，而真正的幸福只有自己才能體會得到。

幸福是什麼？幸福就是自己感覺幸福。

也許這只是一句人人皆知的落後了的大實話，而事實上，有不少人甚至很多人並非為了自己的感覺，而是為了他人的想法而規畫自己的人生與生活。

他們常常為自己的不幸而抱怨，他們從沒有因為給予或者得到而感到幸福，卻又常常發出沒有幸福的感嘆。幸福是一種感覺，旁觀者只能從你的表面看到你是否幸福，而真正的幸福只有自己才能體會得到。

耶誕節即將來臨，在郵局工作的露絲在閱讀所有寄給聖誕老人的信件時，發現一個名叫麥克的兒童向聖誕老人要的禮物很特別。

信中寫道：「親愛的聖誕老人，我想要的唯一的一樣禮物就是給我媽媽一輛電動輪椅。她不能走路，兩隻手也沒有力氣，不能再使用兩年前慈善機構贈予的手搖車。我是多麼希望她能到室外看我做遊戲呀！你能滿足我的願望嗎？愛你的麥克。」

露絲感動得潸然淚下，於是，她拿起了電話，馬上與一家輪椅公司取得了聯繫。這家公司當即決定贈送一輛電動輪椅給麥克的媽媽。

耶誕節那一天，公司將價值 2000 美元的輪椅送到了麥克家，在場的有 10 多位記者和前來祝福的人們。麥克的媽媽激動得熱淚盈眶，臉上洋溢著幸福的笑容。

當記者問麥克的媽媽此時有什麼感想時，她眼含熱淚，望著兒子

深情地說：「因為我的兒子，我覺得無比幸福。」

也許你會覺得男孩和她母親的遭遇很悲慘，可他們自己卻沒有始終沉浸在痛苦之中，反倒覺得擁有了幸福。你能說他們不幸福嗎？

我們常常無法證明自己的幸福，我們被動地生活、尋找幸福，我們又常常找不到，因為我們出發時就迷了路。

其實，幸福就是自己感覺幸福，何必活在別人的評判中呢？

◆ 快樂人生的三大障礙

做個快樂的傻瓜，做個知足的人，做個懂得感激的人吧，你的人生就會有所變化，從你內心決定改變的那一刻起。

很多人的童年生活也許並不快樂，甚至至今仍沉浸在自己以為的痛苦中。其實，要悶悶不樂並不難，那種事不需要花心思費力氣，真正要做的事情是盡我們所能以求快樂。

很多人想都沒想過「快樂是必須要去求去找才會有的」。我們都以為快樂只是一種感覺，源自碰巧發生在我們身上的好事，而那種好事會不會發生則非我們能掌控。但真相剛好相反：快樂主要是由我們支配的，我們應該主動爭取，而非被動等待。

要有快樂人生，就要克服一些障礙，其中三個障礙是：

第一，跟他人比較。

多數人都拿自己跟他們以為人生順利的人比較，有的是親友，有些是我們很陌生的人。也許我們身邊都有這樣的朋友，他人生有成，日子過得開心。談起他摯愛的妻女，談起他目前的職業，常常喜不自勝。這種人就是那種事事順遂的少數幸運兒。

當然，這種人也不是永遠的都沒有煩心事，事實上他可能承擔不順心的瑣事比我們還多，只是在跟我們的相處過程中表現得非常少而已，因為這種人從不把太多個人的煩惱之事推及他人，並「與其共用」。有這樣的親戚朋友你應慶幸才是，怎麼還能與其比較，自尋煩惱呢？

第二，局限於「完美」。

幾乎每個人都幻想過自己想像中完美的生活。問題當然是很少人事業與家庭都合乎他們自己想像中的標準。

我大學時期有一個同學就是個例子。他身處的家族沒有人離過婚，在他看來婚姻是一生一世的事。因此，他和第一任妻子在結婚 3 年，兒子出世 2 年後離婚的時候，他整個人都垮掉了。他說覺得自己是個窩囊廢。後來他再婚，婚後向妻子坦承自從家庭生活失敗所產生的心理陰影。妻子問他現在這個家有什麼不對嗎。他說除了與兒子在一起的時間太少外其他的事情都很開心。「那你為什麼不能因此而開心生活？」他妻子這樣問他。理當如此，但他現在首先要做的就是必須擺脫「完美」家庭的假像。

第三，過度在意缺憾。

破壞快樂的有效方法莫過於對任何事物只集中注意瑕疵的部分，例如望向天花板只盯著缺了塊鋪板的那個地方。正如有個禿子對他的貼心朋友說：「每次我走進人多的房間，只會注意人家是否也是個禿頭。」

一旦你找出自己缺了哪一塊鋪板，就要探討：若重新取得這塊鋪板是否真的可以使你快樂。你有三個行動去選擇：去找這塊鋪板。或

用另一塊不同的鋪板補上。又或者根本不予以理會，把注意力放在你生命中沒掉的鋪板上。

其實，人的一生遭遇和他會多快樂並無太大關聯，稍微思考一下這個道理就很明顯。我們都認識有一些人，生活頗為順利，但從根本上來說很不快樂；我們也認識有些人吃過不少苦頭，卻能樂知天命處世。因此，奉勸那些不快樂的人，如果你們也渴望像傻瓜一樣快樂知足，不妨記住以下三個方面內容：

第一，快樂發於感激。快樂的人都存有感激之心，無感激之心的人不會快樂。我們總以為人是因為不快樂才抱怨，其實抱怨可致人不快樂的說法更有道理。

第二，要知道快樂是另一件事情的副產品。最明顯的快樂源泉的各種使我們生活有目標的活動，例如研究昆蟲或打打球。你越是投入你所喜愛的活動，越可感受到更多快樂。

最後，應該要有下列的信念：這世界上有些永恆的事物是超越我們的，而且我們的生存有更大的意義。這個信念會讓我們生活更快樂。我們需要精神上或宗教上的信仰，或者秉承自己的人生觀。

無論你的人生觀是什麼，都應該包含這個道理！如果你凡事都從好的方面看，對人生一定有好處。如果你總是往壞處想，日子就難過了。正如你想不想過開心的日子一樣，這事完全取決於你的態度。做個快樂的傻瓜，做個知足的人，做個懂得感激的人吧，你的人生就會有所變化，從你內心決定改變的那一刻起。

◆ 避免忙碌

車子的續航力來自加油與保養，人也是如此，懂得保養的人，走得久。過度使用是機器的殺手，人也是如此，蠟燭兩頭燒，總有一天會油枯燈盡。

有位哲學家說，忙碌，是現代人一輩子裡的最大浪費。

商品經濟社會，每個人都忙，忙得沒法再忙，但為什麼該忙，卻又渾然不知。

忙得要死，忙得要命，總是被無意識地掛在嘴邊，忘了忙得要死，非死不可的窘境，為什麼該忙？

二十一世紀的新新人類，愈來愈接近機器人，遊走在網路與虛擬之間，人生近乎可悲。還好網路的虛擬藍圖紛紛破局，否則真不知人會是什麼樣子，也許是一種端坐在電腦終端機前的怪獸吧。

羅斯福總統說：「我從不憐憫那些苦幹實做的人，他們除了自我毀滅之外，實在一無是處。」

聽吧，那些終日忙碌的人，也許正包括你，該停下來喘口氣了吧。

休閒心理學家說：「閒是治療忙的最佳方式，你是否同意，因為：閒是朝氣，積則利人。」

有人會說，忙碌多半是為了工作賺錢，但誰知道，人的一天裡只有四至六小時的美好精力，多則假矣，意思是說，工作太久的人，只是在摸魚。史懷哲這樣說：「沒有工作的英雄。」意思或許是說，忙碌非英雄吧。你很忙？除非你是狗熊。

很簡單的道理：車子的續航力來自加油與保養，人也是如此，懂得保養的人，走得久。過度使用是機器的殺手，人也是如此，蠟燭兩

頭燒，總有一天會油枯燈盡。

有誰看見傻瓜說累的時候，不是他不知道累，而是他真的不累。

◆ 改變過高的期望

幸福、快樂、輕鬆是簡單生活追求的目標。要認識到生命的真諦所在。

一些過高的期望其實並不能給我們帶來快樂，但卻一直能夠影響著我們的生活：擁有寬敞豪華的別墅；完整的婚姻；讓孩子享受最好的教育，成為最有出息的人；努力工作以爭取更高的社會地位；能買高級商品，穿名貴的皮革；跟上流行的潮流，永不落伍。

想要做個快樂的傻瓜，改變這些過高期望很重要。

富裕奢華的生活需要付出巨大的代價，而且並不能相應地給人帶來幸福。如果我們能夠降低對物質的要求，改變這種奢華的生活目標，就能節省更多的時間充實自己。

輕閒的生活讓人更加自信果敢，珍視人與人之間的情感，提高生活品質。幸福、快樂、輕鬆是簡單生活追求的目標。要認識到生命的真諦所在。

◆ 不要爭過頭

少了爭，歡愉便來，多了退一步海闊天空的快意。

人生老是如此：獲得了名位，丟掉了健康；有了錢，沒有閒；事業成功，家庭破碎；官位亨通，自己的孩子卻變成了問題少年。

這些典型的過猶不及，幾乎出現在所有人的身上，原因便出在我

們好爭的性格；爭第一成了我們的民族精神，什麼事都爭，於是什麼事都爭得你死我活，毫不妥協。

開車搶快，所以在高速公路上總是有不斷超車的人，因為他們不想比別人慢，但是超來超去也沒快了多少，一個不留神，還撞上安全島，賠了夫人又折兵。

工作爭多，什麼事都想插上一腳，加班再加班，老闆爭了數字，員工爭了獎金，身體賠得一塌糊塗。

爭的太多就是過頭，對孩子照顧過頭，對朋友傾訴過頭，對人家管得過頭，對下屬干涉過頭，自信過頭，然後變得很無度，少了拿捏合宜、恰如其分的美感。

因此，現在所要做的就是學會平衡生活：

信守自然規律。該吃便吃，想睡就睡，不要勉強行事。吃飯時工作，工作時睡覺，睡覺時看電視，永遠有害無益，這個簡單的法則守得住，生活就平衡了。

以身為重。人生最寶貴的東西是生命，凡事與它相關的一定就對了，發大財做大官，人人盼著，但要先有命活下來才可以。要將那些與健康抵觸的事，漸漸不做。

為而不爭。知足又快樂的傻瓜做事一向以興趣為原則，不想爭些什麼。少了爭，歡愉便來，多了退一步海闊天空的快意。現在不爭了，但得了更多。

◆ 享受真正的平凡

有很多人羨慕別人平凡的生活，自己卻無法甘於平凡。這些人總

30

是這樣說：「能像你多好呀。」

這就跟好像戒煙的人說：「戒煙太簡單了，我都戒了一百多次了。」

你也許瞧不起像傻瓜那樣儘管無憂無慮但似乎過於平凡無味的生活，其實這樣想你就誤解了平凡的意思，以為平凡就是歸隱山林，清貧度日，殊不知真正意義上的平凡正是真實面對自我。

如何像快樂傻瓜那樣享受真正的平凡？

第一，不貪不欲。每個人都有能力，但每個人都沒有超凡入聖的能力，你可以演好自己，但無法演活全世界。不貪就是不要超過自己的能力極限，變成欲速則不達。記得「回家」吧，我的意思是說，工作告一段落，該回家就回家的人，不貪，因為你懂得還有明天。有些事留給明天，很美，表示明天你還活著；有些責任，留給明天，表示明天你還活著。

該是你的跑不掉，不是你的得不來，叫做不欲，不過度求取不當的欲念。

第二，不忮不求。很多事，求也求不來的，水到渠便成，順其自然反而是最好的法則。沒有人可以一舉成名的，沒有人可以馬上升官的，沒有想到就能立刻要到的。

「等待」的一門重要的祕法，就像花開花落自有時序，不必強求，給一點時間，該有的仍舊是屬於你的。

第三，降低夢想。把太多時間用在想像，並非明智之舉，運用智慧，巧妙安排，才能在平凡處得到不平凡。

做個快樂傻瓜，在有限的生命中留一點空間給自己，可以歡喜地用一頓餐，如意地看一場電影，悠閒地逛一條街，走在蝴蝶步道上，與孩子一起到休閒公園去遊玩。這樣的生活看似平凡，其實不平

凡，你說呢？

◆ 適可而止

　　避免盲目追求流行，因為它是一種把你的錢從錢包裡勾引出來的把戲。

　　有位智慧大師這樣說，錢有四種意義：錢是錢，錢是紙，錢是數字，錢是冥紙。但一般都多賦予了另一個意義：錢是萬能。

　　錢能領出來花用，算錢；賺了錢，但換成數量龐大的房子、車子、土地，守著不能用，叫紙；把錢全存進銀行，以數字的變化為榮，錢是數字；賺太多了，身體撐不住了，錢會是冥紙，燒給自己用。

　　的確，錢不是萬能的，但沒有錢萬萬不能，所以該學會，當用則用，當省要省，因此，日常生活工作中，你可以至少做到以下三點：

　　第一，改變購買習慣。避免盲目追求流行，因為它是一種把你的錢從錢包裡勾引出來的把戲，一件衣服只穿一個夏天，但得花掉你半個月的薪水，怎麼算也不划算，像快樂傻瓜那樣消費，只買自己喜歡的，不管是否正在流行的。

　　第二，考慮你的所求。你的家不是垃圾回收站，千萬別把那些買來只用一次，或者根本不用的東西擺放在家裡，佔據一個原本就小的空間，它往往只會破壞你的心情，別無他益。

　　第三，不要追求「強者無敵」。人生本來就是矛盾的，太會賺錢的人，沒有時間陪家人；努力工作的人，體力就差；很有錢的人，很會花錢；試圖擁有全世界的人，小心就此賠上一條命。人只有一輩子，

用不著賺五輩子的錢，這樣除了透支體力、傷身之外，別無益處。

◆ 「少」即是「多」

拒絕經濟能力無法承擔的商品，拒絕高額消費，拒絕讓家變成一座垃圾山，拒絕低劣東西佔據寸土寸金的空間。

真正的好生活，其實是不需要太多東西的，多了反倒是累贅，使人付出許多心力去擁有，再付出許多心力去清理，多不值得。

不需要的東西就別擁有它，這樣才能簡化生活。繁忙進步的城市，商人處處設下陷阱，想要引君入甕，你必須學會拒絕，拒絕經濟能力無法承擔的商品，拒絕高額消費，拒絕讓家變成一座垃圾山，拒絕低劣東西佔據寸土寸金的空間。運用逆向思維，少一樣會更好，因為物質的東西雖然少了，但精神上卻富足了。

從小到大，我們不可少的就是吃飯，飲食成了人生大事之一，使我們的生活變得複雜。簡化飲食你會發現，生活也簡單了許多，不僅少去油煙的污染，也不必大張旗鼓地清理廚房，你會重新有一種自由的喜悅。

◆ 以「一」為師

當傻瓜給予一分錢給真正貧窮的人時，是為了雙方的共同快樂。

一次讚美、一次掌聲、一部車子；一，是理想，二，是幻想，三，便是妄想了，太多了，不如不想。

經營之神松下幸之助在他七十七歲的壽宴上公開提到永保青春的祕訣，他說其一是樂在工作，其二是想法簡單，心情純樸。合起來解

釋，就是簡單使他樂在工作。

一，不多！

一，好少，所以很簡單；簡單容易達成，所以快樂。

一，是快樂傻瓜的生活哲學。

多愛自己一點。多愛自己一點點，至少不太累、不會過度消耗精力。

多一樣興趣。每個快樂傻瓜都有很多興趣，那麼你呢？比方說學陶藝，好親自動手做需要的花器。

多捨一點。把錢分為三種，一種自己用，一種家人用，一種慈悲用；捨一點錢，反而得到很多快樂、很多歡喜、很多慈悲。

你不知道吧，當傻瓜給予一分錢給真正貧窮的人時，是為了雙方的共同快樂。

◆ 珍惜生命每一刻

為名忙，為利忙，人人有之，但至少忙裡偷閒喝杯茶去。勞心苦，勞力苦，無人例外，但可否苦中作樂拿壺酒來。

人之一生，如同花開花落，是自然更迭、無法抗拒的規律。人終究會死，你想到什麼？

像傻瓜一樣好好活著吧，至少日日是好日，夜夜寄天真。

人生就在一呼一吸間，連呼吸都照顧不好，也就白活了。要證明你活著，你就要享受生活。為名忙，為利忙，人人有之，但至少忙裡偷閒喝杯茶去。勞心苦，勞力苦，無人例外，但可否苦中作樂拿壺酒來。人生苦短，揮霍不如疼惜。三十歲，人由盛年往下迴旋；四十歲，

人生過了一半，便該開始想想未來怎麼過。

　　錢少賺一點，閒要多一點。人生就是這樣，有得便有失，忙著把錢存進銀行裡面，用錢的機會便少了；努力工作，就沒有時間休閒；有了錢，人也病了，多公平的遊戲。因此你必須做出決定，：要錢還是要命？要忙還是要閒？都要！你當真以為我是瘋子，只有你聰明人呀。

　　讓生活快樂一點吧。一日只有二十四小時，生氣也過，歡喜也過，如果是你，你當然應該知道怎麼過。每件事都是一體兩面的，用正面看人生，人生很燦爛，用負面看人生，人生是灰暗的。很多事都在一念之間，生命中的每一刻，靠自己去珍惜和體驗。

◆ 需求越少，生活越幸福

　　幸福感是一種心滿意足的狀態，根植於人的需求物件的土壤裡。

　　人，饑而欲食，渴而欲飲，寒而欲衣，勞而欲息。

　　幸福與人的基本生存需要是不可分割的。人們在現實中感受或意識到的幸福通常表現在為自身需要的滿足狀態。人的生存和發展的需要得到了滿足，便會產生內在的幸福感。幸福感是一種心滿意足的狀態，根植於人的需求物件的土壤裡。

　　問題是，慾望的滿足能不能成為必然幸福的定律。伊壁鳩魯曾經談到，慾望可分為三類：「有些慾望是自然的和必要的，有些是自然的而不必要的，又有些是非常自然而又非必要的。」他舉例說：

　　「麵包和水屬於第一類，牛奶和乳酪屬於第二類，人們偶爾享受這些東西，可以用麵包去代替；第三類就是那些虛妄的權勢欲、貪財

35

欲等等，理應捨棄。伊壁鳩魯進而認為，只有自然而又必要的慾望，才會與幸福相關聯。」

他苛求人要滿足與吃麵包和清淡生活自然是不可取的。但能提示人去評判各類慾望的利害得失，這畢竟是合理的。也就是說，人的需求越少，越容易獲得滿足。

需求越少，生活越幸福——這是一條古老的，然而還尚未被所有人認清的真理。你越習慣與奢華的生活，你就越發陷入被奴役的地位：因為你的需求越多，你的自由受到的限制就越大。

◆ 不求完美

勇於面對恐懼和保留犯錯誤權利的人，往往生活得更快樂和更有成就。實際上，追求完美的人由於經常受到挫折和壓力，因此可能降低他們的創作能力和工作效果。

我們現在研究一下，為什麼追求完美的人特別容易情緒不安，為什麼他們的工作效果會受損？其中一個原因就是，他們以一種不正確的和不合邏輯的態度看人生。

追求完美的人最普遍的錯誤想法，就是認為不完美便毫無價值。譬如說，一個每科成績取得 A 的學生，由於在一次考試中拿了 B 等的成績，因而大感沮喪，認為那就是失敗。這類想法引致追求完美的人害怕犯錯，而且一旦犯錯誤後又做出過分的反應。

他們的另一個誤解是相信錯誤會一再重複，認為：「我永遠都不能把這件事做對」。追求完美的人不會自問能從錯誤中學到什麼，而只是自怨自艾的說「我真不應該犯這樣的錯，我絕對不能再犯了！」

這種自責態度導致產生一種受挫和內疚的感覺，反而會使他們重複犯同樣的錯誤。

心理學專家伯耐斯指出：「假如你目標切合實際，那麼，通常你的心情便會較為輕鬆，行事也較有信心，自然而然便會感到更有創造力和更有工作成效。我不是鼓吹放棄努力奮鬥，不過，事實上你也許會發現，在你不是追求出類拔萃成就而只是希望有確實良好的表現時，反而可能會獲得一些不錯的成績。」

你也可以用反省自問的方式來抗拒追求完美的思想，例如，「我從錯誤中可以學到什麼？」你可以做個實驗，想想你犯過的一項錯誤，然後把從中得到的教訓條列出來。千萬別放棄犯錯的權力。你要牢記，追求完美心理的背後隱藏著恐懼。當然，追求完美也有一個好處，就是無需冒著失敗和受人批評的危險。不過，你同時會失去進步、冒險和充分享受人生的機會。說來奇怪，敢於面對恐懼和保留犯錯誤權利的人，往往生活得更快樂和更有成就。

◆ 事能知足心常樂

「常思某人境界不及我，某人命運不及我，則可以自足矣。常思某人德業勝於我，某人學問勝於我，則可以自慚矣。」

秦國有位財主，養了 99 頭牛，他日思夜想，怎麼能夠達到 100 頭呢？一天，這個財主專程到城裡去拜訪一位朋友，朋友有個鄰居生活很窮苦，家徒四壁，全部財產只有一頭牛。這個財主聽說後，立刻前往拜見，對那個鄰居說：「我有 99 頭牛，如果加上你的那頭，正好滿100 頭，我的牛群就能湊成整數了。」

傻瓜哲學
人生很難，那是因為你不懂裝傻

　　財主有了 99 頭牛，還想湊夠 100 頭；有了 100 頭，他恐怕又想湊足 200 頭、300 頭、500 頭……，貪婪是永遠填不滿的無底洞。

　　民間流傳著這樣一副對聯：「事能知足心常樂，人到無求品自高。」值得我們反覆品味。一個人要想生活得幸福、愉快，千萬不要貪得無厭。

　　明朝宋載堉曾寫過一首《十不足》的散曲，譏諷那些貪得無厭者：

終日奔忙只為饑，才得有食又思衣；

置下綾羅身上穿，抬頭又嫌房屋低；

蓋下高樓並大廈，床前缺少美嬌妻；

嬌妻美妾都娶下，又慮出門沒騎馬；

將錢買下高頭馬，馬前馬後少跟隨；

家人招下十來個，有錢沒錢被人欺；

一銓銓到知縣位，又說官小勢位卑；

一攀攀到閣老位，每日思慕做皇帝；

一日南面坐天下，又想神仙下象棋；

洞賓與他把棋下，又問哪是上天梯；

上天梯子剛放下，閻王發牌鬼來催；

若非此人大限到，上到天上還嫌低。

　　「常思某人境界不及我，某人命運不及我，則可以自足矣。常思某人德業勝於我，某人學問勝於我，則可以自慚矣。」《圍爐夜話》中的這段話可作為我們的座右銘。

◆　擺正面對生活的目光

為了不讓煩惱纏身，最有效的方法是正視現實，摒棄那些引起你煩惱不安的幻想。

假設你去參加一個宴會，隨身帶了一台攝影機。整個晚上，若是你把鏡頭一直對向大廳的左側一對在爭吵的夫妻身上，是不是連帶著自己的心情也不快了呢？就由於你一直看著他們的爭吵，從而心裡便興起這樣的念頭：「真是糟糕的一對，好好的宴會都被破壞了。」

然而，要是你整個晚上都把目光放在大廳的右側，那裡圍坐著一群高聲談笑的來賓，這時若有人過來和你攀談你對這場宴會的感覺，相信你一定會這麼說：「噢，這場宴會真是棒極了！」

據說，耶穌在講經時，曾做過這樣一個比喻：

「如果一個人有100隻羊，其中一隻迷失了路，他難道會把那99只留在山上，而去尋找那只迷失了路的嗎？如果他幸運找著了，我實在告訴你們：他為了這一隻，比為那99隻沒有迷路的羊，更感到開心……」

要是找不到這隻迷失的羊，會怎麼樣呢？

佛蘭克林說：「我們的一生有太多地方可以去注意的，隨便你怎麼去看，但為何偏偏就是有那麼多人只看消極而無法控制的那一面呢？」

人們常說，才華和性格對於一個人的成功有決定性的影響。確實，一個善於寬容、體諒他人的人，一個心地善良、心平氣和的人，一個具有克制力和忍耐心的人，總能找到生活中的幸福，或者說，一個人的幸福在很大程度上就取決於這些善良、寬容和體貼人的品格。正如柏拉圖所說的，讓別人幸福的人他自己也一定能得到幸福。

傻瓜哲學
人生很難，那是因為你不懂裝傻

現實生活中，有很多自尋煩惱的年輕人，有的年輕人對個人名利過於苛求，達不到便煩惱不安；有的人性情多疑，總是懷疑別人在背後說他的壞話，常常感到莫名其妙的煩惱；有的人嫉妒心重，看到別人的成就與事業超過自己，心理就難過。最為典型的自尋煩惱是把別人的問題攬到自己身上自怨自艾，這無非就是在引火焚身。

為了不讓煩惱纏身，最有效的方法是正視現實，摒棄那些引起你煩惱不安的幻想。世界上不存在完全滿意的工作、另一半和娛樂場所，不要為了尋找盡善盡美的道路而掙扎。實際上，並不是所有在生活中遭受磨難的人，精神上都會煩惱不堪。相信很多人對生活的磨難，不幸的遭遇，往往是付之一笑，看得很淡；倒是那些平時生活安逸平靜、輕鬆舒適的人，稍微遇到一些不如意的事情，便會大驚小怪，引起深深的煩惱。這說明，情緒上的煩惱與生活中的不幸並沒有必然的聯繫。

生活中常遇到一些不如意的事情這僅僅是可能引起煩惱的外部原因之一，煩惱情緒的真正病源，應當從煩惱者的內心去尋找。大部分整日煩惱的人，實際上並不是遭到了多大的個人不幸，而是在自己的內心素質和對生活的認識上，存在著某種缺陷。

因此，當受到煩惱侵襲的時候，就應該問一問自己為什麼會煩惱，從內在素質方面找一找煩惱的原因，學會從心理上去適應你周圍的環境。

◆ 培養富足個性

真正有效的成功者只在自己的成功中追求卓越，而不是把成功建立在別人的失敗上。

第一章 幸福定律
培養富足個性

具備富足個性的人認為，一個成功者周圍倒下千萬個失敗者是不成功的，真正有效的成功者只在自己的成功中追求卓越，而不是把成功建立在別人的失敗上。

為了培養富足之心，每個人都應該學習和瞭解富足之心的各種優良表現，以使自我個性充滿了彈性和力量。富足之心的主要表現如下：

大自然在我心中

大自然是無處不在的。大自然絕不僅僅是野外。建立在大自然上的生活將毫無例外地屬於大生活。誰遵循自然原則，誰就能夠成就個性。

堅守著內心的富足，排除了外在的干擾，得失便在談笑間灰飛煙滅，不影響個性的長遠目標。抗干擾力如此強大，是因自然的化解。每一份成就，最終都回到心靈的源泉上來，加強它、補充它，使它更富足。富足之心對時間也表現出寬容，並不害怕衰老，年齡不過是一支手錶而已，用舊了就換個新的。富足之心的個性，80 歲還能夠從頭開始學一學新的東西。

讚美孤獨

個性並不害怕孤獨，反而讚美它。孤獨是個性最美好的一部分，原本就不存在能不能忍受的問題。

內心富足的人總是能夠給自己留出時間，享受獨處的歡樂，整理往事、展望前程，想像出類拔萃的美好生活。內心貧乏的人，生性急躁，喜歡喧囂和熱鬧，一刻也離不開從他人眼中找尋自己賴以生存的保障，獨處將倍感寂寞，但身處的環境卻又窄得令人窒息。

內心富足的人，獨自承受個性滋潤。修身養性。他深思真正的意

義，他享受寧靜和孤獨，他在反省中看見自身的不足。他把自己準備
得很充分，再投入步調緊湊的生活中去。

保持顛峰狀態。

有富足之心的人知道什麼叫低谷，但僅僅是俯視而已，瞭解了它
的危險之後，他不會願意走下去的，就算走入了低谷，他也不會在那
裡久留，他有辦法讓自己走出來，再登巔峰。

富足之心，有著各種豐富的力量來源。如果某方面力量不夠，它
會給自己養精蓄銳的機會，蓄勢而發，目標必在循序漸進中達成。他
為自己準備的後勁是綿綿不斷的。由於後勁的頻頻支持，他長期處於
顛峰狀態。因為，力量產生於他的心間。

體貼與友愛。

富足之心的人會在十字路口，毫不猶豫給希望得到幫助的人指出
一條正確的路。他們和他人建立友愛關係，不屈服也不放棄達到美好
境界的目標。

第二章 理財定律

章首導言：

「假如折斷你的一根手指頭，給你 1000 元，你做不做？」

「假如斬斷你的一隻手，給你 10000 元，你做不做？」

「假如讓你馬上變成 80 歲的老翁，給你 100 萬，你做不做？」

「假如讓你馬上死掉，給你 1000 萬，你做不做？」

——傻瓜這樣問煩惱錢的人

◆ 成功不是時髦的外表

　　成功絕非時髦的外表，那些為了表面上的奢華而承擔的沉重 心理負擔才是最不應該的。

　　在我們這個文化傳統裡，成功就意味著開最新豪華的汽車，拿著銀行金卡，戴名牌設計的手錶，穿名牌設計的皮鞋，住著新穎豪華的房子。我們都曾羨慕過擁有這一切的人，以為他們的生活肯定比我們好。可是你怎麼知道，那些拿著外在美好生活裝飾物、到處張揚的人，大部分都是負債累累，實際上，他們不過是在租用一種自己根本負擔不起的生活方式。

　　人們常常說一些高薪職員，他們似乎擁有了一切，可是，一旦他們丟掉了工作，或發生了什麼其他意外，就什麼也沒有了。他們不僅會失去富足生活的物質招牌，往往也會同時失去自己的身份。如果你把大部分時間用來上班、賺錢、付帳單和裝飾表面生活，那麼你的「成功」是之於自己還是之於周圍的人呢？難道成功真的意味著為保住外表形象而不分日夜地工作嗎？

　　讓我們回頭看看平衡的問題。傻瓜的快樂生活方式決不意味著他必須住到廁所裡，穿著陳舊過時的服裝，使自己看起來像是剛從一部古老的電影片裡走出來的人。

　　毫無疑問，有許多現代化的生活設施真的很方便、好看。住在一個舒適的環境裡，保持著適當的整潔，有一個時髦的外表形象，確實令人開心。這一切都是毋庸質疑的。但是，如果走過了頭，如果為了保持給外界一個良好形象，整天忙忙碌碌，而內心卻緊張不安，晚上卻睡不著，總是擔心有一天會維持不了這種形象，那你一定不會

是開心的。

要真正地記住：成功絕非時髦的外表，那些為了表面上的奢華而承擔的沉重心理負擔才是最不應該的。

◆ 減少個人債務

我們的父母終其一生，就是要我們在財務上實行一個鐵的原則：「如果口袋裡沒有現金，就不要買東西。」

讓你的家人從煩惱中解脫出來的最好辦法就是解決你的債務。我們的父母終其一生，就是要我們在財務上實行一個鐵的原則：「如果口袋裡沒有現金，就不要買東西。」我們的父母不願意有債務，除非他們有東西去抵押，否則他們不會向人借錢。不論什麼時候，他們需要任何一件小傢俱或是家電，他們都將從自己的「備用基金」中拿錢出來買，如果基金用完了，他們也會每個月不斷地存錢，直到錢存夠了再說。

仔細考慮一下，債務如果成了我們情緒和心理上的最大壓力來源。那麼，我們今天就應該遵循這種觀念來生活才對。如果你不想被沉重的債務壓得喘不過氣來，如果你也羨慕快樂傻瓜那種自由自在的生活，就接受以下的建議吧！

首先，分階段性地解決自己的債務。

你需要做的是，確實地把自己所有的債務全部清點，訂定出一個計畫，盡可能在最短時間內把債務還清，即使這個計畫要花很多年的時間也沒什麼，照樣實行。這也是對自己的承諾，承諾自己在未來不會有債務。這是個可行的辦法，但需要你對自我的嚴厲要求和決心，

以及一種解脫債務壓力的強烈意願和約束力。

第二，尋求他人的幫助。

如果你感到沒有足夠的力量去解決債務，或是你已經開始對解決債務感到心灰意冷，你可以試著請他人伸出援手。沒有人敢誇下海口的說解決債務是一件很容易的事，但是，可以肯定的是：儘快解決你的債務，有助於你簡化生活的計畫，為你的生活多增加一些快樂的成分。

◆ 為未來做儲蓄

如果你一直生活在財務困窘的邊緣，可以試著為你未來的需要做準備，即逐步把每月收入的一定比例存起來。

今後的社會將是一個消費高於儲蓄的社會。當人們被不斷高漲的物價及持續貶值的貨幣，逼得必須千方百計、千辛萬苦來求生存的時候，也正是我們大量消費、亂買一些我們不需要的物品的時候。如果你覺得你的開支多到無法控制，以至於無法從收入中提出相當的比例來儲蓄，那麼這個時候，你應該非常認真地檢視一下應該如何花錢。如果你真的沒辦法減少一些比較大的開支，那麼，你也可以從明年開始，先減少 10%--15% 的消費。之後，第二年再減少 10%—15%，就這樣一年一年地，把花費比例減少到 50%。一旦你可以做到減少一半的費用，相信你的開銷會降低許多。

傻瓜生活，不是只叫你省錢過日子，也不是對你生活權利的剝奪。相對地，這是一個好機會，讓你真實感受到生活真正重要的部分，也讓你達到一個中庸的自我節制境界；這些生活上的改變，不僅使你擁

有滿足感和安全感，也讓你有掌握生活的感受。如果你一直生活在財務困窘的邊緣，可以試著為你未來的需要，就是把每個月收入的一定比例存起來。雖然這麼做需要你做出更長一段時間的努力，但至此你已經踏上了快樂傻瓜生活之路。

◆ 記錄開支情況

如果你不開始儲蓄，就永遠不會有存款，因此，也就永遠不會選擇生活，這樣也就更談不上什麼快樂了。

要想改掉以前的消費習慣，過快樂生活，你要做好自己的開支情況。

首先，對自己的開支情況作出記錄，以便從中瞭解你目前重要的是什麼。

帶個小筆記本在身上，把你的每一筆消費都記下來。如果你花2元買了一袋鹽，把它記下來；如果花3元買了一瓶可樂，也把它記下來。支票簿上的備忘錄也一定要寫得一清二楚。最初這樣做會覺得很麻煩，但過一段時間後，就會變成一個自動的過程。這是瞭解自己的花錢習慣，從而實施控制開支的最佳辦法。

其次，找出自己頻繁消費的地方。在月底拿到銀行和信用卡帳單的時候，拿出你的筆記本和銀行記錄，編制一個空白表格程式。

空白表格程式可以做得非常簡單，只要一張紙，畫上幾個表格就可以了，也可以做得稍微複雜一點。看一看你的開支情況，找出經常花錢的項目。無疑，食品會成為一個項目，但不能弄得太簡單，應該把食品分為主食、副食、調味料及其他等一些類別。

　　再次，審核其他開支，努力細分大的項目。

　　以服裝為例，如果你有工作，你買的衣服可能包括正裝和休閒裝。把這兩類衣服的欄目分開，並分別將每一欄的費用加起來。這樣做，有以下幾點好處：第一，圖表會詳細告訴你錢的去向，免得你整天抱怨不知道薪水花到什麼地方了；第二，幫你瞭解錢的主要花費方向。也許你經常在週末外出遊玩，時間久了一結算，竟然吃驚地發現花了那麼多的錢；也許你因為工作太累，每週都有 3 次趕在店家打烊前去吃晚飯，結果把這個項目的花費加一加，讓你大吃一驚；也許你買廚具和廚房用品花了很多錢。這些花費會讓你對自己有所瞭解，或許這些就是你距離快樂生活越來越遠的原因。

　　最後，調整娛樂和生活目標之間的位置。

　　這就必須制訂一個說明我們實現生活目標的財務計畫，計畫中應包括用於輕鬆娛樂的錢，也應該要包括用於儲蓄和投資的錢。把實現生活目標放在第一位雖然重要，但還是需要注意，生活目標就像是生活本身一樣，是會發生變化的。然而，這種容易變化的特性，不應該影響我們的儲蓄計畫。不論你的生活目標變化多頻繁，都要定期存下一筆金額，或逐漸加大這筆儲蓄。

　　這樣，無論你的目標是什麼，最後你都能留下一筆錢。如果你不開始儲蓄，就永遠不會有存款，因此，也就永遠不會選擇生活，這樣也就更談不上什麼快樂了。

◆ 只擁有一張信用卡

　　等你戒掉沒錢借錢花的壞毛病後，可以再把信用卡隨身攜帶，這

時你才會真正地感激生活，像傻瓜一樣快樂。

　　只擁有一張信用卡是擺脫債務的一個方便可行的辦法，並下決心在全部債務還清之前，不再以分期付款的方式購買任何東西。如果你能做到這一點，那麼到時候你就會嚐到無債一身輕的甜頭，許多事情也由此變得簡單了。如果你持有的信用卡越多，那麼你花錢的機會和慾望也越大，而你累積的債務也越多。何必要保留多張信用卡而向銀行繳納年度服務費呢？不付年度服務費的信用卡，有時收取的透支利息可能會高一點，但這跟你沒有任何關係，因為你不會再去買任何東西了。但請記住：

　　這張保留的卡只能在還清債務後使用，還債前，你應該使用低息的信用卡。如果你負債很多，從低息信用卡節省下來的錢，就足夠抵銷年度服務費了。

　　如果不是遇到真正緊急情況，不是碰到真正常用卡的場合就不要用卡。

　　如果你缺乏自制力，就要面對現實，把卡鎖進櫃子裡，把鑰匙放在公司的保險櫃裡；或者把卡冷凍在冰箱裡面，等到冰化掉時，你那種揮霍的衝動也就消失了。

　　等你戒掉沒錢借錢花的壞毛病後，可以再把卡隨身攜帶，這時你才會真正地感激生活，像傻瓜一樣快樂。

◆ 準備一份「備用款」

　　為了實現更重大的生活目標，你必須把開支壓縮到最低限度，放棄眼前的一些自我滿足。

49

傻瓜哲學
人生很難，那是因為你不懂裝傻

　　沒有了債務，你若想獲得經濟上的獨立，可以給自己準備一份「備用款」。緊急獨立，是說你不必再靠上班賺錢養活自己，靠存款帶來的利息收入，就可以讓你過得舒舒服服。你也可以用其他方法取得經濟獨立，這樣，你就得做其他工作，例如，進行房地產投資，就得做房東那份工作。無論採取哪種辦法，你都要權衡利弊。

　　你所制訂的財務計畫直接決定你能給自己留下多少錢。為了實現更重大的生活目標，你必須把開支壓縮到最低限度，放棄眼前的一些自我滿足。一旦你做了有關這方面的決定，並且已還清全部債務，就先給自己留出一筆錢；對那些踏踏實實，有自制力的讀者來說，可以在每個月用支票支付當月費用時，也給自己開一張支票；對其他的人——恐怕絕大多數——來說，最好同銀行或工作單位簽定一份自動儲蓄協議，把收入的 10% 存起來，這是最低限額；如果真的存不了那麼多，就存少一點，反正有總比不沒有。如果你不儘早開始準備退休金，每過 5 年，你需要儲蓄的金額就要至少翻一倍。那些沒有積蓄的人最常用的藉口就是：「對，對，等我買完了……等我加完了……或做完了……，我一定會存錢。」其實你心裡很清楚，你是在騙自己。

◆　縮減日常開支

　　即使你沒有改變世界，或改變人生的遠大目標，也可以想出一個儘快擺脫債務，或儘快透過節約和投資使自己的錢翻一番的近期目標。

　　既能節省開支、又能保持目前生活水準，有兩條原則可以讓你參考：一是少買零售產品，二是提前做計畫。如果你等到非買不可時再去買，不論是什麼價格，你都得接受。如果知道家裡的電視機已用了

20 年，快要不能用了，就應該早點瞭解一下市場行情，找一個價格適合的，不要等它徹底壞掉了，那時，你會出於無奈而匆忙地把你看到的第一台電視機買回來。

縮減開支的有效辦法之一是在廉價商店購物，如果你覺得在當地的廉價商店購物有礙於臉面，那就去二手商店，那些商店產品外觀精美，品質上乘。與一般商店並無太大差異。當然，看不見的差異是有的，那就是你只花了一半的價錢買了同樣的服裝。

我們家裡的傢俱，只要刷一點油漆，發揮點想像力，你就能讓二手傢俱看上去比可望而不可及的正宗名牌傢俱更可愛、更具吸引力。你也可在預算內多加幾件新傢俱，將新、老傢俱混合起來使用。

既然要少花錢，又要生活好的辦法有很多，但無論你是逛零售店，還是逛廉價商店，一定要保持理智。如果在廉價商店購物，只因為那兒的商品很便宜，就買了許多實際上並不需要的東西，那你就省不下錢了。

另外，你還可以讀一些省錢方面的書。這類書很多，介紹了在各種情況下省錢的辦法，從工作到生活，應有盡有。記住，如果你有了一個或兩個生活目標，那麼想出花錢少、生活好的辦法，對你會是一種有趣的挑戰。即使你沒有改變世界，或改變人生的遠大目標，也可以想出一個儘快擺脫債務，或儘快透過節約和投資使自己的錢翻一番的近期目標。

如果在你心裡根本沒有什麼目標，那麼，節省開支就只能是乏味地、小裡小氣地過日子，而這就恰恰與傻瓜的快樂生活理念相背離了。

◆ 減少娛樂消費

　　好好安排你的生活，好讓你在日後的每一天，都盡可能有時間去做那些你喜歡做的事，做個快樂的自己。

　　如果你正在尋找脫離繁忙步調的簡樸生活，減少你對娛樂的需求，毫無疑問這是首要之例。這個時候，取消你的夜生活娛樂，回到自己的內心，和家人一起共度休閒時光，對尋求簡樸生活的人來說，是一件很有意義的事。殊不知，我們一直被驅使著去做的一些娛樂，只是用錢買到的事物，而那些我們真正想去做的事，反而經常被我們忽略了。

　　看夕陽；看日出；獨自一人在海灘散步；穿過公園；到山上旅行；和朋友聊天；在書店中留連；讀一本好書；在花園裡閒逛；打個小盹；和另一半度過寧靜時光；和孩子度過寧靜時光；聆聽一首喜歡的曲子；和寵物一起打發時間；靜靜地坐在自己喜愛的椅子上，什麼也不做。

　　這些願望只需要很少的錢甚至不花錢就可以完成，其實這些願望所要達到的就是一種快樂傻瓜的生活和享受，其效果通常都是很單純的快樂。

　　現在把你和你的家人真正喜歡做的事情寫在紙上，然後，好好安排你的生活，好讓你在日後的每一天，都盡可能有時間去做那些你喜歡做的事，做個快樂的自己。

◆ 購買小面積住房

　　許多大房子只不過突出了人的虛榮心罷了，而這只是生活的表層而已，我們更應該注重生活的品質。

第二章 理財定律
購買小面積住房

幾十年以來，人們對於房屋面積和房屋配置的需求都不斷擴大。從兩房一廳的小套房發展到半個籃球場那麼大的客廳，配有豪華浴缸的衛浴間，三個車位的車庫，陽臺，越來越奢華。擁有這種住宅幾乎成為每個人的夢想。人人從二十幾歲起就開始為此奮鬥，努力工作，拼命賺錢，每月把薪水的一半交給銀行，償還買房的貸款。

然而我們真的需要這麼大的空間嗎？為了擁有遠離市中心的大房子，我們離工作地點越來越遠，每天花好幾個小時來回，忍受著漫長的交通堵塞，跟著車輛一點一點向前開，筋疲力盡地回到家，在電視機前就可能睡著了，生活在大房子裡卻享受不到住大房子的樂趣，而為了填補空空蕩蕩的房間，還得買回一些相配的傢俱、電器，生活簡直變成了無休無止的苦役。

其實，我們根本就不需要這麼大的空間，一間乾淨的小公寓就能讓我們生活得舒適。當你發現不用再為大房子而煩惱時，你會發現一種情緒和心理上的極大解脫。放棄住房越大越好的觀念，住在適合自己的房子。有一天，你會發現到，在空間不大的小房子裡生活是再好不過的了。稍微計算一下為買大房子進行裝修和改善小房子居住條件所需的每一筆費用，看看哪個更划算。而且最主要的是，你可以不必再為了償還昂貴的抵押貸款而煩惱了。

我們究竟需要多大的空間呢？那些正在投資買大房子的人們不妨借用朋友的週末旅遊，在裡面借住一星期試試。當朋友或客人需要住宿時，可以把那種可以拉開的沙發打開來使用，而無需準備專門的房間招待客人。

有時太多的房間配置會降低人們的生活品質。人們總是需要更多的物質，好像這能帶給他們安全感，其實，反而是這些讓他們窒息了。

許多大房子只不過突出人的虛榮心罷了，而這只是生活的表層而已，我們更應該注重生活的品質。

◆ 選擇實用交通工具

毫無疑問，目前最為實用的是掙脫自家車對你的捆綁，還給自己一個輕鬆。

隨著生活水準和品質的提高，買車成了現在的流行風潮，但買車的代價是：你要花費大量的時間、精力和費用在這輛車上。停車時，你要注意周圍的可能性傷害；不知不覺中，你會發現每月的汽油費多了許多，這真的不能和現在那些一公升跑二十公里的車子相比。而且你還得繳交保險費、通行費、燃料牌照稅、維修費，這不僅浪費金錢，還浪費時間。還不如搭乘公車和捷運，你不必再注意其它車輛，可以悠閒地坐在巴士裡享受一下，同時也可以減少大部分的交通費用，也讓你免於開車的寂寞和勞累。

毫無疑問，目前最為實用的是掙脫自家車對你的捆綁，還給自己一個輕鬆。

◆ 縮減女士衣櫥

不要盲目追求潮流，忽略了自身條件的優勢。事實上，簡單的衣服更能穿出人的個性，不要忘了，實用快樂是最好的。

男人的衣服雖然簡單，但不論是在正規還是隨便的場合，看上去總是比女人好看。

女人的衣服種類多，有時反而成了她們的劣勢，因為，男人總是

看上去比女人強，因為它們以不變應萬變；而女人要搭上流行，就比較難了。男人基本上只有四種穿著形式：休閒裝、西裝、非正式的褲子或是運動裝、牛仔褲。女人則可以有無限制的選擇：光是上衣就可以有短、中、長或是超長的搭配，也可以有緊身的、寬鬆的，加上衣領的多種變化以及寬肩、窄肩、垂肩或蓬肩的搭配。而且，還有各種質料的選擇，還有各種顏色的搭配，因此，女人在衣服的選擇上真是很難，也很煩。

因此你要縮小自己的衣櫥，同時向男人學習他們的穿著。

不管你的身材怎樣，都會有某種類型的衣服最適合你，也許簡單，不合潮流，卻能跟隨你多年。不要盲目追求潮流，忽略了自身條件的優勢。

事實上，簡單的衣服更能穿出人的個性，不要忘了，實用快樂是最好的。

◆ 正視購買行為

在買東西之前，必須徹底想清楚，是否真的需要買這個東西，還是為了瞬間的滿足感。

生活中大部分的東西都是買了之後，只用過一段時間後，就再也用不到了。事實上，這些東西也不是我們真正需要的。如果你也有這種購買行為，你不必訝異，或許你有些東西還買得更貴。

事實上，我們之所以會買這麼多「無用物」，都是得了一種「我必須現在就買」的購物症候群。你的居室的每一個角落是否也充滿了諸多的「無用物」呢。那麼，現在請拿出筆，在紙上列出所有可以改

善的事項：

訂出每週只有一天可以購物；而這天要購買齊全的東西，包括日常用品和其他真正需要的東西。

在買東西之前，必須完全想清楚，是否真的需要買這個東西，還是為了瞬間的滿足感。

延遲購物時間。或許在一個月之後，你會發現：事實上自己並不是真的需要這些東西。

◆ 走向經濟獨立

經濟的獨立為的是更有意義和快樂的生活，這不會讓你變成一個一分錢都不花的怪人，或是變成一個一毛不拔的小氣鬼。

只要付出一定的努力去追求自己的目標，你一定能在花錢和儲蓄之間找到一個平衡點。每個人的標準各不相同，只有當你靠最低的費用，使生活感到真正過得不錯時，才能找到這種平衡。到了那個時候，你再也不必為了路過商店而沒買到想買的東西而感到懊悔了。而且，還會為了已經養成少買東西的習慣生活方式感到非常滿意。

當然，你不會變成一個一分錢不花的怪人，或變成一個一毛不拔的小氣鬼，你只是覺得，花錢不多，但日子過得也很開心罷了。

在這個變化形成的過程中，你的積蓄漸漸增多，從此，便開始走向經濟的獨立。

經濟的獨立為的是更有意義和快樂的生活。

◆ 看淡金錢

　　缺少金錢的時候，不奢望用非法的或不正當的手段獲取它；有富餘的時候，不忘資助更需要的人或事。

　　金錢、快樂、健康，何為重

　　古人說，君子生財，取之有道。我們且不管大家到底走了哪一種「生財」之道。在這裡只想簡單的幾個問題：

　　在金錢和健康不可兼得的情況下，你選擇什麼？

　　在健康和快樂不可兼得的情況下，你又選擇什麼？

　　在不快樂的富翁和快樂的凡人之間，你又會選擇誰？

　　相信，只要頭腦清醒的人（容易被金錢迷住眼睛，鑽進錢眼而一發不可收拾的人除外）都會做出正確的選擇。人們往往都只知道追求財富金錢，追求健康長壽，但卻很少聽說有人追求人生快樂。事實上，追求快樂，才是人生的終極目標，「寧可做個快樂的豬，都不做痛苦的人」，言辭雖然有些誇張，但正好反映了人類生存的意義，現在看金錢、健康和快樂，我們便會發現金錢是多麼微不足道，多麼不值得人們苦苦追求。

　　但恰恰有一個統計資料表明，人類70％的煩惱都跟金錢有關，「天下熙熙，皆為利來；天下攘攘，皆為利往」，由此可見，錢對我們來說究竟意味著什麼。

　　對待金錢的態度是一門生活的藝術

　　生活工作的目的決不僅僅是為了金錢。

　　錢永遠都賺不完，要抱著為社會創造財富的理念而工作。

　　沒錢的日子要簡樸，有錢的日子更應過得簡樸。

　　缺少金錢的時候，不奢望用非法的或不正當的手段獲取它；有富餘的時候，不忘資助更需要它的人或事。

　　做這樣快樂的人吧，儘管有人說你可能是個最大的傻瓜，但快樂不快樂只有你自己最清楚。

◆　看淡收入

　　薪水可以減少人的不滿，但不能增加人的滿足感。應該說，能夠增加人的滿足感，還是工作本身。

　　關於薪水與工作的相互關係，人們站在不同的立場，有各種議論。但是，有一點是肯定的，那就是：人們的喜悅，不是只靠金錢就能得到的。薪水可以減少人的不滿，但不能增加人的滿足感。應該說，能夠增加人的滿足感，還是工作本身。不管什麼工作，如果能夠自發地、自主地進行，人們就會從中感到工作的意義。而且重要的是，選擇工作，不要只顧眼前利益，還要從有利於長遠發展的角度出發。

　　曾慧豔，一名香港記者，在 1984 年 5 月 10 日香港報業公會舉辦的「1983 年度最佳記者比賽」中，獲得三項「最佳記者」的金牌。她之所以能有今天的成就，還要歸公於她剛入報業時的正確選擇。

　　1979 年元旦，曾慧豔移居香港。她白天正常上班，晚上自修英語，並開始利用業餘時間寫些評論式的文章向各家報紙投稿。終於有一天，她的文章在一家報紙上刊出，之後便一發而不可收拾。之後她竟然成為那家報紙的員工，儘管工作是校對，薪水比行政人員還少，但這項工作活躍了她的思想，也為她以後的成功奠定了堅實的基礎。

　　因此，我們在選擇職業時，也不要單方面地只考慮薪水的高低，

要時刻記住，有得就有失。重要的是，能夠在工作中找到樂趣和確定自己發展的方向。

◆ 做個真正富有的人

擁有金錢，並能很好地利用金錢，享受金錢，才是真正的富人。

屋寬不如心寬，一個人可以因其住宅的豪華而生活舒適，但卻無法利用豪宅來填補心靈的虛空。擁有金錢，並能很好地利用金錢，享受金錢，才是真正的富人。

羅伯特‧清崎說過：有一次他去一棟公寓樓裡收房租時，驚訝地發現許多租房的家都擁有大螢幕的電視、最新的 CD、CD 機等等最時髦的消費品。清崎當時的評價是他肯定用買這些奢侈消費品的錢去買公寓樓，因為這樣的投資很快就會給他帶來收入。我想清崎已經過了那個階段，因為我十分肯定現在無論他想買多大螢幕的電視都買得起。問題的關鍵是他十分珍惜是他十分珍視錢，從而能夠讓錢為他工作。

富人珍視錢，換言之，富人不浪費錢，他們尊重自己的錢財。富人知道錢是資產，可以用來創造更多的財富，從而給他們更大的自由。他們可能有時會很慷慨，有時還會允許自己買一些他們想要的奢侈品，但這並不意味著他們就在浪費錢。

有一些有錢人雖然有錢，但不會張揚，不會到處炫耀或吹噓自己的財富，他們只是悄無聲息地忙著自己的生意，不斷地積累他們自己的資產，在這個過程中享受著他們的財富，這樣的人才是真正富有的人。

富人知道小錢可以積攢成大錢。他們總是有一定的儲備以防不測。

傻瓜哲學
人生很難，那是因為你不懂裝傻

他們可能膽大，但他們並不相信運氣。

　　賺錢的首要法則就是你越早行動，你存的錢就越多。習慣的培養是依靠行動的，你只有真正開始這樣去做了，才會培養起存錢的習慣。只是嘴上說說，你就仍將一事無成。

第三章　慣式定律

章首導言：

　　快樂是一種心理習慣，一種心理態度，如果不在現在加以瞭解和實踐，將來也永遠體會不到。如果你想要快樂，你就快樂吧，不要「有條件」地快樂。

◆ 快樂的心猶如一劑良藥

樂觀開朗的企業家「注意事物光明的一面，」他們比悲觀主義的企業家更能有所成就。

俄國心理學家 K·柯克契耶夫對人在快樂與不快樂的思維中的狀況進行過實驗，實驗證明：人在快樂的思維中，視覺、味覺、嗅覺和聽覺都更靈敏，觸覺也更細緻。威廉·貝特斯證明：人進入快樂的思維或看到愉快的景象，視力也會立刻得到改善；馬格麗特·柯貝特發現：人在快樂的思維中記憶大大增強，心情也會變得比較輕鬆；精神醫學證明：在快樂的時候，我們的胃、肝、心臟和所有的內臟都會發揮更有效的作用。幾千年前，賢明的老所羅門王有一句格言：「快樂的心猶如一劑良藥，破碎的心卻吸乾骨髓。」

猶太教和基督徒都把歡樂、喜悅、感恩、開朗列為通向正義和美好生活的途徑，這也是很值得重視的。

哈佛大學的心理學家研究了快樂與犯罪行為的關係之後，得出結論說：古老的荷蘭格言「快樂的人家不邪惡」，在科學上是站得住腳的。他們發現，大部分罪犯出身於不幸的家庭，或有一段不快樂的人際關係。耶魯大學對「挫折」做了十年的研究，結論是，我們所說的不道德和對他人的敵意，很多是因為自己的不幸才造成的。辛德勒博士說：不快樂是一切精神疾病的唯一原因，而快樂則是治療這些疾病的唯一藥方。「疾病（disease）」一詞意味著一種不快樂的狀態——dis（不），ease（安樂）。最近有一項調查表明，簡單來說，樂觀開朗的企業家「注意事物光明的一面，」他們比悲觀主義的企業家更能有所成就。

看來，我們對於快樂的普遍看法有些是本末倒置的。我們說：「好好做，你會快樂。」或者對自己說：「如果我健康、有成就，我就會快樂。」或者教別人「仁慈、愛別人，你就會快樂。」其實更正確的說法是：「保持快樂，你就會幹得好，就會更成功，更健康，對別人也就更仁慈。」

◆　快樂的習慣可以培養

人是一個追求目標的生物，所以，只要他朝著某個積極的目標努力，他一定能自然正常地發揮作用。

阿伯拉罕林肯說：「只要心裡想快樂，絕大部分人都能如願以償。」

心理學家 M·N·加貝爾博士說：「快樂純粹是內在的，它不是由於客體，而是由於概念、思想和態度而產生的。不論環境如何，個人的活動能夠發展和指導這些觀念、思想和態度。」

除了聖人之外，沒有一個人能隨時感到 100% 的快樂。正如 G·肖伯納所諷刺的那樣，如果我們覺得不幸，可能會永遠不幸。但是，我們可以憑藉腦袋和下定決心來利用大部分時間想一些愉快的事，應付日常生活中使我們不痛快的瑣碎小事和環境，從而使我們得到快樂。我們對小事的煩惱、挫折、嘮叨、不滿、懊悔、不安的反應，在很大程度上純粹出於習慣。我們做這種反應已經「練習」了很長時間，也就成了一種習慣性反應。這種習慣性的不快樂反應大多起因於我們自以為有損於自尊心的某種事情。一個司機無緣無故地向他人按喇叭，我們談話時有人隨意插嘴，我們以為某人該來幫忙他卻沒有來，等等。甚至有些非個人的事情也可能被認為是傷害我們的自尊心而引起我們

傻瓜哲學

人生很難，那是因為你不懂裝傻

的反應：我們要搭乘的公車不得已來晚了，我們要打籃球時偏偏下雨了，我們急著趕到機場時交通忽然阻塞了，等等。我們的反應是憤怒、沮喪、無奈，換句話說：不高興！

不要讓事情把你搞得團團轉。治療這種病最好的藥方就是使用造成不快樂的武器——自尊心。不知你是否參加過一個電視節目，看到過節目主持人操縱觀眾的行為嗎？主持人拿出「鼓掌」的標記，大家就都鼓掌；主持人又出示「笑」的標記，所有的人又都笑起來。他們的反應像綿羊一樣，告訴他們怎樣反應，他們就像奴隸一樣地順從做出反應。你現在也是這種反應，你讓外在事物和其他人來支配你的感覺和反應，你也像馴服的奴隸一樣，等著某件事或某種環境向你發出信號——「生氣」——「不痛快」，或者「現在該不高興了」——你就迅速地服從命令。

養成快樂的習慣，你就變成一個主人而不再是奴隸。正如 R·L·史蒂文生曾說過的：「快樂的習慣使一個人不受——至少在很大程度上不受——外在條件的支配。」你的意見可能使事情更不樂觀。甚至在遇到悲慘的條件和極其不利的環境時，我們一般也能做到比較快樂，即使不能做到完全的快樂——只要我們不在不幸之中再加上我們自憐、懊悔的情緒和於事無補的想法。

人是一個追求目標的生物，所以，只要他朝著某個積極的目標努力，他一定能自然正常地發揮作用。快樂就是自然正常地發揮作用的徵兆。人只要發揮一個目標追求者的作用，不管環境如何，他也會感到十分快樂。

湯瑪斯·愛迪生有一間價值幾百萬美元的實驗室，因為沒有買保險所以被火白白燒掉了。後來有人問他：「你該怎麼辦呢？」愛迪生回答：

「我們明天就開始重建。」

　　他保持著進取的態度，可以斷言：他絕不會因為自己的損失而感到不幸。

　　心理學家霍林沃茲曾說過：快樂需要有困難來襯托，同時需要有以克服困難的行動來面對困難的心理準備。威廉·詹姆斯說：「我們所謂的災難很大程度上完全歸結於人們對現象採取的態度，受害者的內在態度只要從恐懼轉為奮鬥，壞事就往往會變成令人鼓舞的好事。在我們嘗試過避免災難而未成功時，如果我們同意面對災難，樂觀地忍受它，它的毒刺也往往會掉落，變成一株美麗的花。」

　　因此，學會像傻瓜一樣將快樂作為一種習慣是極其重要的事，如果你對此持懷疑態度，你將一直煩躁不安。

◆　如何養成快樂的習慣

　　只要我們所認為我們面臨的是「同樣的環境」，我們往往按照同樣的方式來思考、感覺和行動。

　　「習慣」（habit）一詞原來是一件衣服或一塊布。我們現在還說riding habit（騎馬服）和 habiliments（服裝），這反映出習慣的真正本質。我們的習慣完全就是個性的外衣，它們不是偶然的或突發的。我們的習慣就像衣服一樣合身。它們跟我們的自我意象，跟我們整個的個性模式相一致。我們有意識地、謹慎地培養新的好習慣時，自我意象就容易不適應舊的習慣，需要換上新的「款式」。

　　提到改變習慣性行為或者形成新的行為模式，直至它們成為自動反應式，很多人都畏縮不前了。他們把「習慣」與「癖好」混為一談。

65

傻瓜哲學
人生很難，那是因為你不懂裝傻

癖好是指你覺得有強迫性的行為，它會引起嚴重的萎縮症狀。相反，習慣僅僅是我們養成的一種自動進行而不需要「思考」或「決定」的反應，是由我們的創造性機制來執行的。

我們的表現、感覺和反應足有95%是習慣性的。鋼琴家不會用「決定」該觸哪一個琴鍵。舞蹈家不會用「決定」腳往什麼地方移。他們的反應是自動的，不假思索的。同樣，我們的態度、情感和信念也容易變成習慣性的。過去我們「學到」：特定的態度、感覺和思維方式是與特定的環境「相適應」的。現在，只要我們所認為我們面臨的是「同樣的環境」，我們往往按照同樣的方式來思考、感覺和行動。我們應該理解的是，這些習慣與癖好不同，只要費費心思作個決定，再練習或「形成」新的反應或行為，習慣就能修正、改變，甚至完全扭轉。鋼琴家要加以選擇的話，可以有意識地決定按另一個琴鍵，舞蹈家可以有意識地「決定」學會一個新的舞步——而且沒什麼苦惱。

完全學會新的行為模式需要的是不停的注意和不停的練習。你穿鞋時，習慣上不是先穿右腳就是先穿左腳。你繫鞋帶時，習慣上不是把右手的鞋帶從左手的鞋後面繞過來，就是反著繞。明天早晨，你想好要先穿哪隻鞋、怎樣繫鞋帶，然後，你有意識地下決心在 21 天裡形成一個新的習慣，先穿另一隻鞋、相反的方向繫鞋帶。每天早晨以特定的方式繫鞋帶，用這種簡單的舉動提醒左腳；在這一整天裡都要改變其他的習慣性思考、感覺與行為。在繫鞋帶時對自己說，「今天我以一種新的、更好的方式開始。」然後，一整天內都有意識地下這樣的決心：

(1)　　我對別人的感覺和行為要友善一些。

(2)　　我要儘量精神愉快。

(3)　　我對別人及其錯誤、失敗和過失要少苛求，多容忍。要盡可能從最好的角度來解釋他們的行動。

(4)　　我要盡可能地表現得對成功有把握，覺得左腳就是我所希望的個性。我要練習在「行動」和「感覺」上都像是一個新的個性。

(5)　　我不讓左腳的觀念給事實蒙上一層悲觀或消極的色彩。

(6)　　我要練習每天至少微笑三次。

(7)　　對於無力改變的那些悲觀的和否定的「事實」，我將完全不予理睬，拒之於頭腦之外。

(8)　　不論發生什麼情況，我的反應要盡可能地冷靜和有理智。

很簡單吧，就是這樣。但是上述行為、感覺和思維方式的任何一種都會對你的自我意象產生建設性的有利影響。堅持練習 21 天，「體驗」這些步驟，看一看憂慮、負罪感或者敵意是否會消失，看一看信心是否會增強，看一看你是否會成為一個快樂的傻瓜。

◆　心想則事成

人們不受事物影響，卻受對事物看法的影響。間許多事情本身並無所謂好壞，全在於當事人怎麼看。

有這麼一個傳說：兩個秀才在一起赴試的途中與一隊送殯的隊伍擦肩而過，其中一個覺得大感晦氣，果真沒考上；另一個則認為是吉兆而一舉成名，兩人都說自己的預感靈驗。

這個傳說是否真實不得而知，但其中包含的人生哲理卻很實在。

18 世紀德國哲學家叔本華說：「人們不受事物影響，卻受對事物

傻瓜哲學
人生很難，那是因為你不懂裝傻

看法的影響。」實乃至理名言。棺材只是棺材，既不預示倒楣，也沒有徵兆「官」、「財」。現在人們常說：「快樂是自找的，煩惱也是自找的。」從這則傳說也可以找到十分形象的詮釋。

世間許多事情本身並無所謂好壞，全在於當事人怎麼看。當我們看一件事時，懂得放下，學會如何保持樂觀豁達的心境而避免自尋煩惱，就顯得十分重要。

快樂從今天開始。

只要一天工夫，任何事物都可以做成功。那麼今天就動手；別怕生，別怕死，別怕歡樂；你嘗盡美，信仰至善吧！

我們就顧一天的時光，忘記昨天和明天，不要想立刻解決整個人生問題吧。林肯曾說：一個人只要想快樂，就可以辦到。那麼我們就今天快樂一下，適應當前的環境——家庭、事業、機遇吧！要想改造環境來適應自己，是過分的要求。如果我們不能稱心，或許可以知足。

那麼，就在今天，我們對人和和氣氣、歡歡喜喜、仁慈寬厚，別人有成就，讚揚他；別人力不從心，不要求他；別人有過，原諒他。

保持一顆溫存的心。

當人生一段輝煌的「生命」走向極限的時候，你深深地感到了生命的悲壯與美麗。大約那是一個溫暖的冬日！燦爛的陽光在兩個人的心中瀰漫，你所渴望所需要所期待的是那一份生命中妙不可言的感覺，是精神互慰的振奮，是那心河宣洩的愉悅，是靈魂相知的酣暢……在那個冬日，你全部都擁有了。

你那麼細微敏感地體驗了生命的溫存，彷彿連堅冰也變成了凝脂。那是一份溫存感化了你，使你不再驕傲，不再倔強，使你不屑的雙眸

變得溫柔，使你冷靜的思維變得稚嫩，使你脆弱的心靈變得堅強。這不好嗎？每日每夜，耳邊蕩漾著柔和的風，眼中飄灑著細密的雨；仰望空中的星辰，俯看清晨的露珠，你是那麼感動，在這份清純與和諧中，人與人彷彿進入了至高的境界，這是一份多麼柔和的心境啊！

你已經滿足了——滿足於對溫存生命的切膚體驗。即使這輝煌如瞬間的彩虹，它已給了你耀眼的光芒；即使這輝煌是曇花一現，它已給了你難得享受的美感。留下的卻是一份溫存，一份溫存的情意，一顆綿密、深沉的心。這不就足夠了嗎？活在這個世上，對人和對事還有什麼不能包容的呢？

你很珍惜，珍惜那瞬間感受為你一生帶來的美麗，雖然，這份美麗依存於悲壯之中。當那美麗的悲壯同時被你感知被你接受的時候，你的感受依然是一種享受，只緣你有一顆溫存的心。

◆ 無事一身輕

一個胸襟寬闊的人，縱然住在一個小小的囚房裡，亦能轉境，把小囚房變成大千世界。

一個囚犯，被關在牢獄裡，他的牢房空間非常狹小，住在裡面很是擁擠，不自在又不能活動。他的內心充滿著憤慨與不平，深感委屈和難過，認為住在這麼一間小囚牢裡面，簡直是人間煉獄，每天就這麼怨天尤人，不停地抱怨著。

有一天，這個小牢房裡飛進一隻蒼蠅，嗡嗡叫個不停，到處飛來飛去。他心想：我已經夠煩了，又加上這討厭的傢伙，實在氣死人了，我一定捉到你不可！他小心翼翼地捕捉，無奈蒼蠅比他更機靈，每當

快要捉到它時，它就輕盈地飛走了。蒼蠅飛到東邊，他就向東邊一撲；蒼蠅飛到西邊，他又往西一撲，捉了很久，還是無法捉到它，這才感嘆地說，原來我的小囚房不小啊！居然連一隻蒼蠅都捉不到，看來蠻大的嘛！此時他悟出了一個道理：原來心中有事世間小，心中無事一身輕。

所以說，心外世界的大小並不重要，重要的是我們自己的內心世界。一個胸襟寬闊的人，縱然住在一個小小的囚房裡，也能轉境，把小囚房變成大千世界；如果一個心量狹小、不滿現實的人，即使住在摩天大樓裡，也會感到事事不能稱心如意。所以，我們每一個人都不要常常計較環境的好與壞，要注意內心的力量與寬容。

◆ 希望代替失望

驅除煩惱的最好方法，就是常常懷著一種愉快的態度，而不要去看生活的不幸與醜惡的各個方面。

人類始終容許種種無謂的煩惱、憂慮來壓榨青年人的生命，許多人未到中年就現老相。促使他們這樣的，是他們自己多愁善感的性格，以及容易煩惱的習慣。

「憂使人老。」煩惱是在人們的臉上刻畫出皺紋的殘酷的刀鋸！有人因為有重大的煩惱，在三星期之內，面容突變，判若兩人。婦女們常用電器、藥品或手術挽救紅顏早衰，這真是捨本求末。讓她們衰老的只是煩惱。醫治衰老的藥品只有一種，而這種藥品，在自己的心中就可以找到——泰然的態度，不煩惱的習慣。

驅除煩惱的最好方法，就是常常懷著一種愉快的態度，而不要去

看生活的不幸與醜惡的各個方面。維持健康的身體，也是矯正煩惱習慣的重要條件。好的胃口、酣適的睡眠、清爽的神智，都是可以減少煩惱的東西。在變態的情形下，煩惱會滋生。體強力健的人，為煩惱所乘的機會就比較少；但在活力低微、體質衰弱的人的生命中，煩惱最能立足、滋長。

當你一發現到恐懼、煩惱的思想要侵入你的生活中，你須立刻讓你的心中充滿種種希望、自信、勇敢、愉快的思想。不要坐視這些剝奪你幸福的敵人在你心中攻城掠地！立刻把這群魔鬼驅逐出你的心胸！

醫治煩鬧，你無須找醫生、去藥局，你完全可以自己治療。你只要用希望代替失望、樂觀代替悲觀、鎮定代替不安寧、愉快代替煩惱就夠了。相反的思想是不能並存的，兩者是相互排斥的。

◆ 天無絕人之路

上帝總會在我們最絕望時我們留下一線生機，只要我們善於抓住這些轉瞬即逝的機遇，就能轉危為安，重新揚起希望的風帆。

根據相反經典趨勢理論，最絕望的時候，孕育的正是反向思維的機會。身處絕境，按照常規出牌，往往將必敗無疑，若能獨闢蹊徑，定能起死回生。

「山窮水盡疑無路，柳暗花明又一村」，人生在世，人有逆天之處，但天無絕人之路。生活中，不管我們遇到什麼樣的艱難阻礙，也不要輕言放棄。上帝總會在我們最絕望時我們留下一線生機，只要我們善於抓住這些轉瞬即逝的機遇，就能轉危為安，重新揚起希

傻瓜哲學
人生很難，那是因為你不懂裝傻

望的風帆。

　　一場火災燒毀了保羅祖上傳下來的一座美麗的森林莊園，傷心的保羅想貸款重新種上樹，恢復原貌，可是銀行拒絕了他的申請。一天，他出門散步，看到許多人排隊購買木炭。保羅忽然眼前一亮，他雇了幾個炭工，把莊園裡燒焦的樹木加工成優質木炭，分裝成 1000 箱，送到集市上的木炭分銷店。結果，那 1000 箱的木炭沒多久便被搶購一空。這樣保羅便從分銷商手裡拿到了賣木炭得來的一筆不小的錢。而第二年春天保羅購買了一大批樹苗，終於讓他的森林莊園重新再次綠浪滾滾。一場森林大火，免費為保羅燒出了上等的木炭！

　　天災人禍往往不可預知、無法避免，遇到這樣的困難，是我們對生命的考驗。保羅處變不驚，沉著應對，化解了危機。那麼，在經受挫折的時候，我們也應像保羅一樣調整好心態，保持清醒的頭腦。坦然面對危機，在絕望之中找到另一種前進的動力。切記，如果自己亂了陣腳，不但找不到新的出路，而且還容易做出錯誤的決策，造成更大的損失。

　　當然，不是任何危機都可以利用，都能收到意外的收穫。但是，如果我們能善於把握時機，沉著面對困境，就能把危機造成的損失降低到最低限度。

第四章　自由定律

章首導言：

　　世界上唯一重要的人只有一個，那就是你自己。我們往往把自己想像成什麼樣，就真的會是什麼樣子。

◆ 按照自己的軌跡運轉

假如你真的熱愛生命，請按照自己的軌跡運轉，做自己的主人，做個快樂的傻瓜。

對現實生活中的許多人來講，他們生活於世，卻無法找到自己生活的軌跡。因為他們失去了一個人生的自我，他們只是按照別人的意願而生活，他們不能控制自己的思想與情感，他們無法把握自己人生的幸福，他們不能保持自己的健康，他們不能擁有自己的現時生活，他們長期處於一種充滿惰性的狀態……這是許多人生活的第一大誤區。

對於生活於世的每一個人來講，我們都會遇到這種情形：我們發現自己的身邊無時無刻不跟隨著一個伴侶──也許我們難以找到一個更為恰當的名稱，那就讓我們暫且稱之為「黑影」吧──提到這個「黑影」，不同的人表現出不同的情感和態度：有的人僅僅感到恐懼，有的人則毫無懼色地與之相隨，並使之成為自己的奴僕而從命於自己。究竟應該如何對待它，最終的選擇得由我們每個人自己做出決定。驀然回首，人生短暫！死神的陰影又總是無時不現，面對人生，你可以捫心自問：

我是否應該拒絕自己特別想做的事情；我應該按照他人的意願來度過自己的一生嗎；難道追求物質享受真的如此重要嗎；拖延時間是一種正確的生活方式嗎……

對於這些問題的答覆，你大致可以歸納為幾個詞：生活、我行我素、享受、愛。你要嘛面對死亡而徒勞無益地恐懼和擔憂，要嘛將死神作為你生活的力量，督促自己學會真正地生活。當你在今後的人生

中考慮做出一項決定，而又不知是否應該支配自己時，你可以向自己提出一個問題來幫你做出選擇——「我還可以活多久？」只要在你的心靈裡不時地隱現這一人生永恆的問題，你就可以做出自己的抉擇。如果你不願意選擇這種做法，你就可能陷入人生的最大誤區之一——按照別人給你設定的方式順從地度過自己的一生。

　　既然我們每個人都是宇宙生靈中的「滄海一粟」，既然人的一生僅如空中飛逝的流星，既然我們每一個人都感觸生命的短暫……那麼，我們應該讓這一瞬間過得美好而愉快，讓她發出應有的光彩。假如你真的熱愛生命，請按照自己的軌跡運轉，做自己的主人，做個快樂的傻瓜。

◆　摘掉面具

　　如果一個人不肯摘掉社會中那個面具，他的成功將意味著更多的失去，將意味著精神心靈上永遠的自責者，永無快樂可言。

　　無論到了什麼時候，越能夠做自己，對生命的體驗就越深刻。你要記住，永遠不要嘗試去扮演自己以外的其他角色，任何想過傻瓜般快樂生活的人必須讓自己活回自己，大聲說出內心的想法。

　　做一個真實的人並不容易，有時候，它常常不能給人滿意的回報。在人類關係中，率直和純真總是含著冒險的成份。於是，我們忍不住並且是不知不覺地設計了一副面具，以避免坦誠相見可能帶來的傷害。

　　戴上面具是為了遮掩我們所擔心的、自身的不可愛。面具、虛偽等各種不真實是用來向別人表露我們希望別人看見的自己，並且藏起來我們不敢示人的自己。在公共場合你總得扮演一個角色，假裝自己

是什麼、不是什麼。上天會禁止你在工作中永遠擁有這份堅強。如果你表露它們，一定會讓別人大吃一驚。你穿的衣服並不能代表你是誰，但是可以表明你的地位。你必須完全看似你沒有真正的生活，衣服上不能有皺紋，外套上不能有狗毛，每根頭髮都必須自然。人們的領導理論最後都可總結為這樣一句話：那些正向上爬的人是永遠能保持頭髮整齊的人——沒有太多懷疑的目光，頭髮似乎波浪般有致。很顯然，越是「成功」的人，自我的成份就越少，就越是做作。我們的衣服變成了「成功」的制服，我們的言論成了一連串聚會的一部分。我們的地位越高，揭示自我的困難就越大，說實話的困難就越多。

我們都想確立自我價值，這很重要。但在如何尋求自我價值方面我們卻一直在向一個錯誤的方向走去。我們認為要實現自我價值需要支援，因此我們剪裁著我們的人格——怎麼樣行動、說些什麼，說什麼才會讓別人高興。我們觀察別人的眼神——那些厭倦的和反對的眼神。這些眼神告訴我們：你既古怪又低級。於是我們又說一些時髦的話來看他們的反應。但這根本無濟於事，即使獲得別人的支持，我們也沒有任何價值感可言，因為如果他們知道我們本來是個什麼樣子，也許就不支持我們了。這樣我們必須越來越深地隱藏自己，也因此越來越深地迷失了自己。

如果一個人不肯摘掉社會中那個面具，他的成功將意味著更多的失去，將意味著精神心靈上永遠的自責者，永無快樂可言。

◆ 真實面對自己

我們要做的就是發掘出真實的自我，說出和表達出我們的真實感

第四章　自由定律
真實面對自己

受，然後使我們的想法和行動統一起來——成為我們自己。

　　有時候，我們怕與人談到自己不僅是由於害怕遭到排擠，也是因為我們自己都無法看清自己。如果連我們自己都無法確知自己是怎樣的人，又怎能告訴對方呢？其實，對自己誠實並不複雜，只要你敢於擺脫既定的社會模式，避免陷入文化的陷阱，把追尋真實作為唯一的目標。

　　一般人也許不認為誠實是精神生活的一部分，但事實上，誠實是精神生活的本質。你所相信的必須對你是真實的。你不可能相信一些與你意志相違背、充滿矛盾的事物。對自己誠實就是傾聽自己內在的聲音。那聲音來自超然的力量。有些人認為那是神力，有些人認為那是集體無意識。對自己誠實就是寧靜地獨處、等待，傾聽內心的聲音告訴你什麼。

　　我們所做的一切必須出自內在的動力，而非外在的提醒。我們所處的外在的世界，都是要我們適應順從。唯一能讓我們堅持信念的方法就是去傾聽自己內在的心聲，快樂的傻瓜向來如此。

　　能夠真實面對自己，我們就達到了真實的標準。我們的個性是真實的、可信賴的，所以值得信任。當我們相信自己的時候，就可以自由自在地發展我們的本性了。以個人成長的眼光來看，真實是至高無上的。如果從來不認識真實的自己，我們怎麼能超越原本的自己呢？我們要做的就是發掘出真實的自我，說出和表達出我們的真實感受，然後使我們的想法和行動統一起來——成為我們自己。成為自己，這就是快樂的目的。

◆ 面對自己的真實

面對真實的自己和真誠地面對他人是快樂傻瓜最顯著的標誌。真誠可以增進良好的人際關係，有時候還能夠幫助你放下包袱。

事實上，不是每個人都想找到自己、瞭解自己、甚至做自己。有的人根本不願意發掘自己的獨特之處，而是寧可按照某些「明星」或「英雄」的形象來「克隆」自己，真是匪夷所思。最極端的例子就是一位青年按照貓王的樣子為自己做了整形手術，從此他就有了一張永遠的面具。相信這是世界上最可悲的事情之一。

面對真實的自己和真誠地面對他人是快樂傻瓜最顯著的標誌。真誠可以增進良好的人際關係，有時候還能夠幫助你放下包袱。為虛而不實的生活付出的代價永遠計算不清，從身心不適到壓力和疾病，從無可奈何的隔絕到嚴重的精神崩潰。我們必須找到通路，確保自己不成為虛假的犧牲品。

做真實的自己本來應當是一件非常簡單、理所當然的事，卻被我們搞得如此複雜。為什麼真實這麼難？為什麼我們總是企圖把自己變成不是自己的模樣？這不僅是因為我們成功的文化排斥真實——而且還有更多的東西。我們被人為的、虛擬的環境所包圍著，喪失了真實的世界。

世界本應是美好的，人生本應是快樂的，看你自己怎樣去面對生命中的一切。

◆ 做自己情緒的主人

你應該盡可能地融入到社會環境中去，或者做了什麼使你開懷大

做自己情緒的主人

笑、其樂陶陶而又無害的娛樂活動。

人人都有不易控制自己情緒的弱點，但人並非注定要成為情緒的奴隸或喜怒無常的心情的犧牲品。學會怎樣清除破壞我們舒適、幸福的生活和阻礙我們成功的情緒敵人，是一門最精深的藝術。

我們應該要努力抹掉頭腦裡一切令人討厭的、不健康的情緒。每天早上起來，我們都應該是一個全新的人。我們應該從我們的思想長廊裡抹去一切混亂的印象，取而代之的是和諧、使人振奮、清心怡神的東西。

如果你覺得擔憂、發愁或焦急的時候，如果你不自然地緊張或與自己過不去時，你不妨暫停一會兒，在心裡告訴自己說：「這不是一種睿智聰明、思維敏銳之人所過的生活啊，這並非一個完整人的生活啊！這只不過是一個從未享受過樂趣的無知者的生存方式啊！」

人不應該成為他心態的犧牲品，更不應該成為情緒的奴隸。有望成功的人不會對自己說：「在執行我的計畫之前，我會等一等，看看我一大早的身體狀況如何。如果我不沮喪、憂鬱、如果我不是消化不良，如果我的肝臟沒有問題，如果我的身體還過得去，那麼，我會去辦公室，按計劃行事。」

當感到沮喪、氣餒或絕望時，你不要計較它，不妨痛快淋漓地洗完澡，然後一個人靜靜地思索、頓悟，驅散縈繞在你頭腦裡的憂鬱陰雲。你必須忽略一切另你沮喪的想法和念頭，還有一切困擾你的東西。不要使自己糾纏於每一件令人不快的事，不要繼續糾纏與所犯的錯誤和令人不快的往昔。你應該武裝起來反對破壞你平和心態、破壞你安寧幸福的敵人，召集體內的一切力量，把這些敵人驅逐出去。你要在心中默默告誡自己說：「和諧才是永恆的真理。混亂並非真實，只不

過是一種缺乏和諧的存在。」經過幾次這種實驗之後，你便能輕而易舉地清除你頭腦裡的所有陰雲，從而使你的心靈永遠是一片晴空，使你的思想王國裡不再有破壞幸福安寧的敵人。做到了這一點，你也就成為了自己情緒的主人。

如果你感到疲憊不堪，感到沮喪、鬱悶時，究其原因，你也許會發現，之所以會出現這種情況，主要是因為精力不支；而之所以精力不支，或者是由於工作過量、暴飲暴食，在某種程度上違背了消化規律的緣故，或者是由於某種不合常規的習慣在作祟。

你應該盡可能地融入到社會環境中去，或者從事某一使你開懷大笑、其樂陶陶而又無害的娛樂活動。有的人透過在家中與孩子嬉戲找到了新感覺，擺脫了疲憊、沮喪的情緒；有的人則在劇院裡，在愉快的談話中，或者在閱讀使人愉快、催人奮進的書籍時，使自己從疲憊、沮喪中恢復過來。

忘掉那些使自己感到疲憊沮喪的事吧！無論如何，如果你能夠成為駕馭自己情緒的主人，你未來的人生就會是一片美好的前程。

◆ 擺脫虛擬環境

我們必須「睜大眼睛」在紛亂的世界中找到真實的自我和真實的體驗，因為我們都有一個真實的並且完全可以實現的夢——做個快樂的真實的人。

希歐多爾羅菲克說：「總體來說，郊區工業化的總的力量給我們的味覺帶來的衝擊是讓我們確信，人為製造不但是不可避免的，而且是較好的——也許最好把真正的和原始的完全從人們的意識中趕走。」

第四章　自由定律
擺脫虛擬環境

　　我們生活在一個一切（甚至生命）都可以被複製的年代，所有的走路都相似，錄製的笑的痕跡聽起來都相似。沒有真正的生活，我們被單調的相似所包圍，所有的生命和生命力都流失在我們的經歷中。麥當勞金色的走廊比國旗更能代表美國，麥克逐漸成了一個首碼——直到我們所有人的生活都像是麥克的生活。

　　我們在摩天大樓上班，窗戶緊閉著，伴著人造的光和空氣。外面，摩天大樓阻擋了太陽，我們坐在汽車裡回家，把自己包進鋼鐵與外面的空氣隔絕。生活中有如此之多的人為的成份，事物的儲藏方法、衣服的化學合成、藥物的化學成份。這些能帶來更多的正義和平等嗎？

　　電腦網路正撞擊著我們苦心營造的傳統文明的壁壘。我們當然不是去消除技術進步，但我們必須承認與它有分歧，甚至在我們個人生活中也是如此。從本質上說，技術使我們更容易人為地去生活、過不真實的生活。國際互聯網開通了人們可以自由交流的場所，網路上沒有人能夠判定你的年齡、性別、外表和身份，但什麼是我們真正的發現呢？一個流行的《紐約人》卡通片畫了一隻狗站在一台電腦前，標題是「在互聯網上，沒有人知道你是一條狗」。日新月異的技術已經切斷了我們的感覺，切斷了我們同生活的真正聯繫。我們這個科技社會的目標就是能用一個按鈕來控制一切，因此，真正的生活永遠都不能打擾我們。我們不是下車去打開車庫，或者求助於鄰居和過路人，而是用一個小小的按鈕。這些似乎都是小事，但卻大大改變了我們的生活經歷。

　　上一代的人過去的生活儘管艱辛卻能白天對著草地和高山，晚上對著星空和月亮。如今，我們面對著電視螢幕，看那些虛擬的生活。螢幕上出現了陽光，我們卻感覺不到溫暖；螢幕上出現了瀑布，我們

傻瓜哲學
人生很難，那是因為你不懂裝傻

卻碰不到飛濺的水花；螢幕上有了一頓豐富的晚餐，我們的嗅覺好象失靈了。我們把許多東西看成是廢物、不方便的生活方式。暴雨會造成交通事故，天太熱讓人感覺不舒服，蚊子是害蟲。我們抱怨大自然花的時間遠比我們享受它花的要多得多。我們被包圍在虛擬的幸福中。虛擬幸福是一種稀釋、微薄的經驗，然而卻喬裝成享樂的樣子。

今天，真正的玩味、真正的樂趣、真正的快慰似乎很稀有。現在的年輕人，他們從沒到過北極卻熟悉愛斯基摩人的生活；他們還沒見過大海的時候就知道了大海的樣子；他們還沒有體驗到愛情就已經會有滋有味地哼唱著《堅持到底》或者《濤聲依舊》，並且認為所有美麗的愛情都是這個樣子。媒體造就了模式化的生活，這種生活搶先佔據了他們的思想——在他們自己還沒有開始思想的時候。他們喜歡電子遊戲勝於喜歡郊遊；他們熱愛電腦鍵盤勝於熱愛雨後新鮮的空氣。他們已經不像四十歲的人過去那樣對書籍情有獨鍾，他們完全可以透過光碟或電腦去「借閱」。閱讀也不再是一種不可逆的線形過程，而變為交互指涉的快樂遊戲。這種閱讀就像電影的蒙太奇鏡頭，使孩子們陶醉、流連忘返。這樣下去，名著就只剩下簡寫本值得閱讀，情書也會漸漸消失——影視、音樂已經成了人們精神生活中唯一的「膨化食品」。因為好看、輕鬆、過癮、刺激更顯出了傳統閱讀的寂寞和平淡。電腦網路成為人腦的直接延伸，變為虛擬的人腦，於是人們眨眼間就能成為飽學之士，他們「擁有」具有多少內在化的成份？虛擬的人腦能產生新的智慧、美好的情感和價值觀嗎？

人越是檢索及複製式地「擁有」知識，知識就越外在於我們，人也就越來越不需要、並且也無力對知識進行消化。

印度哲學家伊克拉斯法蘭在他的《慈悲的宇宙》一書中說：

第四章　自由定律
擺脫虛擬環境

「我的祖母生活在一個充滿活力的世界中。她認為就算一個小小的生物也是非常重要的，更何況是人類，在任何葉片、花朵、動物與星辰中，都可以看到宇宙的慈悲。在這樣的世界中，沒有所謂的競爭者，也沒有適者生存的進化論，而是合作無間、充滿藝術氣息、物盡其用。在我們的生活中，農業生產、企業交易、人際關係都被這樣的理想概念所籠罩著。個人的生活與大自然的生活是團結一致的。」

這有點類似於中國人所說的「天人合一」。神智清醒地生活在與天地萬物和諧的真實境界中，是對生命的一種尊重與熱愛。那些人在一天之內經歷的歡樂比我們一年之內經歷的還多，並且他們並不像我們生活那麼長時間，或者像我們那樣做那麼多——伴隨著虛擬的生活空間。其實他們的那種生活狀態與本質正是本書「快樂傻瓜」所追崇的。

現在新的電腦遊戲軟體《虛擬人生》已經火爆上市，而且大賣特賣。這對快樂傻瓜來說簡直是一種諷刺。如果你們不能一起談笑，不能親昵地碰碰別人的肩膀或手臂，不能一起喝咖啡或消磨時間，就無法達到交流和溝通的目的。我們都知道言語只是交流的一部分，情感卻是必須面對面才能去捕捉的，這需要用心去體會。

真實是快樂傻瓜的出發點和歸宿。我們必須認真地找回自己在真實生活中的真實感覺，儘管虛擬的環境和虛假的聲音會把我們推向另外的方向。但是，正像希歐多爾羅薩克的詩中說的：「只有在黑暗中，才會睜大眼睛去看。」我們必須「睜大眼睛」在紛亂的世界中找到真實的自我和真實的體驗，因為我們都有一個真實的並且完全可以實現的夢——做個快樂的真實的人。

◆ 適時自我獎勵

如果你能叫自己過得快活一點，也就比較容易讓其他人過得快活一點。無論怎樣，首先要做到自己的真正快樂，才能讓別人感到快樂。

一件事情，你可以高高興興、快快樂樂地去做，也可以很痛苦地去做，假如你能夠選擇快樂，為什麼要選擇痛苦呢？每當遇到煩惱的時候，你都要想：如何讓我比現在更快樂？每一次遇到挫折的時候，你都要想，成長的機會要來臨了；每當做事遇到壓力的時候，你都要告訴自己，我一定要享受做事的樂趣和過程。

也許有的時候，你無法控制自己要做的事情，因為可能是別人要求你做的，雖然，你無法控制這件事情，但你永遠可以改變做這些事的心情。

做每一件事情，我們都要選擇快樂，因為快樂是一種享受。

所有的事情之所以會有思考的瓶頸，是因為你原來的目的沒有明確，對你自己做事情的宗旨沒有瞭解。

很多推銷員很怕被拒絕，因為，他滿腦子想著要賣產品，顧客一旦拒絕，他就會有一種很大的挫折感。如果你的推銷理念是：「提供顧客很好的服務，說明顧客解決他們的問題。」以這樣的想法來做的話，任何事情都會是非常簡單的。例如，你要拜訪非常多的顧客，你可以說因為下雨不要去了；也可以說因為要去建立人際關係、交新的朋友；更可以說是要去分享自己的喜悅，分享他們的喜悅，也把你的快樂帶給他們。如果你有這樣的想法，做每一件事情都會非常愉快，而且一定會非常成功。

我們說某些人「對自己要求很嚴」，他們在遇到失敗或失意的時

第四章　自由定律
適時自我獎勵

候，很難原諒自己；許多職業經理都是這樣，給自己設定的標準很高，有時就難免沒辦法達到那樣的標準。給自己定下了很高的標準，就需要有適當的平衡，那就是要能讓自己快活一下，適時獎勵一下自己，享受一下人生。若是沒有這種平衡，很高的標準，就未必是好事。工作得很辛苦，或者是遇到困難時，給自己一點獎賞，一點禮物，就是賞心樂事。

想不出什麼開心的事嗎？只要請教一下朋友或同事，就可以得到不少主意。你一旦克服了不好意思的心理，就能瞭解其他人有關這方面的事情，而且會發現，其實每個人都會不時地讓自己過得快活一點，只不過有些人比其他人更在行罷了！沒關係，執行的次數多了以後，你也會覺得很在行的。

對每個人而言，學習怎樣照顧自己，怎樣讓自己過得快活一點，通常是格外的重要，我們現在這個社會中，家庭和工作仍然是分開的，仍然有男人的工作和女人的工作之分。男人和女人從小就受教導，相信女人是情緒方面的專家，通常比較能讓自己過得快活一點，而許多男人則受到過時想法的限制，不能讓自己快活一下，沒有解脫，沒有娛樂，這是很遺憾的，同時也是誤區。記住：如果你能叫自己過得快活一點，也就比較容易讓其他人過得快活一點。無論怎樣，首先要做到自己的真正快樂，才能讓別人感到快樂。

上帝只有一個，那就是你自己，學會愛自己吧，真誠地面對自我吧，你的人生將更加精彩。

◆ 清除廣告垃圾

要持之以恆地清除垃圾信件，把它們扔的遠遠的。事實上，生活中的這些繁瑣問題，只是我們個人選擇的問題。

在城市，很多廣告是透過郵遞的方式傳遞的。每年有上萬噸的廣告被送往千家萬戶。這些不請自來的廣告垃圾把我們的信箱擠得滿滿的，常常造成重要信件丟失，並且要閱讀它們，要花費很多時間。更何況推銷的那些商品，我們壓根兒就用不上。

不要回覆那些對你沒有用的商品調查表，否則它們會越來越多，只要你堅持不予理會，商家就不會再寄類似的廣告給你了。

另外，購買物品時，儘量不要留地址和姓名，特別是不要理會那些在大街上要求你填寫調查問卷的人，因為大部分廣告都是從他們手裡分發出來的。如果你需要瞭解商品資訊，商店裡有負責提供的廣告，可以隨時查閱。要持之以恆地清除垃圾信件，把它們扔的遠遠的。事實上，生活中的這些繁瑣問題，只是我們個人選擇的問題。每個人都有力量——像上帝一樣的力量，有理由主宰自己的生活。

◆ 拒絕花邊新聞

拒絕花邊新聞形式上的誘惑，用你自己的眼光去挑選你喜愛的東西，不要再受潮流的左右，畢竟只要你最瞭解自己。

書報攤裡數不清的花邊新聞，看似版式豐富，實則內容空洞，充斥著老套的愛情故事，道聽塗說的小道新聞和驚險的故事。那些精美的圖片也是看過就忘，不能給人留下深刻的印象。

花邊新聞用不真實的生活形態誘惑我們，使什麼失去了獨立思考

的能力。我們把評判自己的權力交給了別人，交給了主流消費觀念，不知不覺間喪失了自我。

拒絕花邊新聞形式上的誘惑，用你自己的眼光去挑選你喜愛的東西，不要再受潮流的左右，畢竟只要你最瞭解自己。把花在閱讀無聊訊息的時間用在別的更有意義事情上，你會驚喜地發現，你能自己決定評價自己，生活原來如此豐富多彩。

◆ 活出個人品味

否定的心態是我們心中的監獄，把自己關在裡面，就是讓自己沒有自尊。要建立自尊，必須打破心中的監獄。

今天，如果我們覺得還沒有活出自己獨特的品味，那麼有幾個方向是大家可以加以注意的：

第一，要愛自己。或許你會覺得很奇怪：有哪一個人不愛自己的，其實今天的社會中，討厭自己、不愛自己的人很多；也就是說自卑的人很多，幾乎十之八、九都有這種狀況。所以，如何放棄自卑是活出自己最重要的事。

有一位心理學家提到：「I am OK,You are OK」的人最幸福。照理說每一個人都應該是「I am OK,You are OK」，但事實上似乎並非如此。這是因為「後繼無力」。進了小學之後，父母對小孩只有一句話：「功課寫完了沒？」寫完了還要再寫。甚至很多孩子心中會這樣發問：「我很懷疑是不是媽媽生的？媽媽為何要求我那麼多，對弟弟卻不要求呢？」──他弟弟還小，還沒念小學。所以，沒進學校的小孩非常幸福，但是進了小學之後就很痛苦，經常挨罵，因此就變成第二個類

傻瓜哲學
人生很難，那是因為你不懂裝傻

型：「I am not OK,You are OK」，肯定別人，否定自己。這個類型的人相當多，犯罪青少年往往就是這個類型。

有些媽媽經常動不動就罵小孩傻瓜，久而久之他就變成真的傻瓜；因為他常常否定自己說「我不行」，又常被說「你不行」。

有一本書叫《自我否定中毒症》，裡面提到幾點症狀：

(1)　　早上賴床。如果有起床氣，早上就不會不起來。

(2)　　常想自己做錯的事或不好的事。錯了就錯了，只要吸取教訓就好，但有些人卻還經常掛念著。

(3)　　遇到事情，總是預想最壞的狀況，從不往好處想。

(4)　　聽到好消息時，就會想到接下來會有不好的事發生。

(5)　　被詢問意見時時常回答不知道，沒有主見的人。

(6)　　自己的意願不明確，只能附和其他人。

(7)　　對自己所列出的目標，覺得不可能實現。

(8)　　無法投入自己該做的事，花了很多時間卻徒勞無功。

(9)　　事情做完，還一直想著有沒有失敗。

你若是有以上這些「病症」，那你就是得了「自我否定中毒症」。如果你要活出自己的品味，第一步便是要「愛自己」，那就得趕緊放棄這些「中毒」的病症。

第二，建立自尊，肯定自我。要活出個人品味的第二步，就是要有自尊。必須增進自己的自尊心，成為一個有尊嚴的人，這是現代人所欠缺的。因為現代生活步調非常快，競爭十分激烈，自己在某一方面或許比別人強，但是在另一方面可能就不如別人，一個自卑的人便常想著自己不如別人的地方。那麼，要如何成為一個有自尊、肯定自己的人呢？我們可以就以下幾點加以討論。

第四章　自由定律
活出個人品味

(1)　放棄否定的自我心向。在心理治療中，常提到一個人有對
　　　成功的認同和對失敗的認同，也就是對自己肯定的心向和
　　　否定的心向。否定的心態是我們心中的監獄，把自己關在
　　　裡面，就是讓自己沒有自尊。要建立自尊，必須打破心中
　　　的監獄。我們首先要問：我們有沒有扭曲自己？掩飾自己
　　　的優缺點，不敢讓人知道？掩飾自己便是不敢面對自己，
　　　如此即是扭曲自己，永遠不可能有自尊心。

(2)　把最壞的情形和現在相比。如此一來，你會覺得現在一定
　　　比較好。將現在的生活跟以前的生活比一下，現在可說非
　　　常幸福。但是，現代人是有物質而沒有幸福。

(3)　掌握追求幸福的權利。幸福的生活是人生所企盼的，因此
　　　要積極去追求它，不必放棄自己追求幸福的權利。

(4)　生活要有方向。若是生活空虛，哪裡會有自尊？比如說，
　　　一個人如果經常有著工作方向，那生活就不會空虛，人就
　　　會有自尊。哈佛大學校長室放著一個海龜標本，作為激勵
　　　的象徵——因為海龜始終探頭面對前方，一個人也應該如
　　　此地向前看。

(5)　不要膽怯。很多人以為，遇到問題逃避比較簡單；但心理
　　　學告訴我們，逃避比面對更困難；因為你始終無法逃出。

(6)　不要自我譴責。做錯事需要自我檢討，但不必自我譴責。
　　　因為自我譴責只會讓自己的愧疚增加，因為你始終無法逃
　　　出。

(7)　打破心裡的煎熬。很多殘疾運動員們與正常人無異，非常
　　　堅強，雖然肢體有缺憾，但心理上並沒有殘障。反過來說，

表面沒有灼傷，但「心理灼傷」的人很多。還有像黃美蓮小姐，腦性麻痺卻能在美國得到藝術博士；其他如海倫凱勒、貝多芬等都是殘而不廢的最好見證。他們之所以能有所成就，是因為他們肯面對現實。肯面對現實，才能建立自尊。

第三 ，具備堅定的信念。建立自尊之後，要活出個人品味的第三步，便是要「有信念」──即具備堅定的信念。

在美國賓州大學有個實驗：

將狗放在籠子裡，然後通電。狗被電擊時會不停地跳，一次又一次，無法跑出去；最後它不跳了，因為它知道無法出去。面對問題無法克服，就會放棄努力，從而「學得」無力感。一百五十條狗之中有一百條產生無力感；另外的五十條狗非常努力，不放棄希望，不斷想逃脫。

第二次實驗是籠子裡有機關，只要狗跑就可以踩到機關，門就會打開。把那不斷努力五十條狗放進去籠子，一通電，每一條都逃脫了；至於那放棄努力的一百條狗則完全不跑。

這個實驗告訴我們，一旦養成無力感的人，就算面對可以克服的環境，他也不會試著克服。有些人常會說：「沒有用啦！」這就是無力感的徵兆。

還有第三個實驗：

將門打開後通電，那一百條狗還是不逃跑，拉它還會抗拒，拉了好多次才出去。拉出來之後，它感受到沒被電的舒適感，再放回籠子通電，它又開始想逃跑。

由這三個實驗可知，一個人即使因為環境或遭遇的關係，學習到

無力感，仍然可以透過再學習而復原。

　　第四 。要有毅力。第四個活出品味的要點是要「有毅力」。做事不但要有計劃，還必須有連續性，不半途而廢。這裡所謂的毅力，便是面對挫折、自我調節的力量。例如聽不見也看不見的海倫凱勒；貝多芬失聰後仍沒有放棄作曲；《失樂園》的作者密爾頓，失明之後仍然保有心靈的敏感，繼續創作出膾炙人口的作品。毫無疑問地，毅力是我們獲得成功非常重要的條件。

　　要培養毅力，就必須克服焦慮、恐懼，並不是說沒有焦慮就是好，人要有適當的焦慮才會進步。克服緊張、焦慮有很多方法，比如靜坐、打太極拳、散步、登山都是很有效的方法。

　　第五 ，內外都要有魅力。活出自己的個人品味的最後一點是要「有魅力」。談「個人的品味」不只是注重外在的魅力，而是表裡都要有魅力。

　　如果你能逐步做到以上這幾點，相信不久的生活中，你將會重塑一個全新的自我，你將視自己為心中的上帝，因為你有了對生活、生命的百分百的自信。你會真正地體味做個傻瓜的真正快樂。

◆　保持真個性

　　能哭能笑，能苦能樂，泰然自在，怡然自得，真實自然，保持自己的個性特點，豈不是樂事？

　　世界上最可憐、最痛苦、最不幸福的人，莫過於那些迷失自我的人。一個人放棄了矯飾而成為真正的自己時，他的滿足與輕鬆是無與倫比的。

傻瓜哲學
人生很難，那是因為你不懂裝傻

　　當貝蒂·福特成為美國第一夫人時，她即以坦白率直聞名，緊追不捨又唯恐天下不亂的新聞記者問到她對各種問題的觀點時，她總是直率而坦白地回答。有一次，一個冒失的記者甚至問她和丈夫做愛的次數，當時她竟能從容不迫地回答：「盡我所能的多。」另外，她也不想隱瞞有關她早期精神崩潰及服用藥物、酒精等有損名譽的過去。

　　有像福特夫人這種坦誠個性的人，一定能獲得真正的友誼。雖然不能保證坦白會使你獲得普遍的歡迎——有些保守團體就對福特夫人的觀點持反對的看法——但你願意坦白，自然會有人愛你。

　　教皇保羅八世之所以到處受歡迎，部分原因是由於他完全不掩飾。他一生都是肥胖的樣子，而且出身於貧苦的農家，但他從不掩飾外貌與出身的缺陷。在他當上教皇後，有一次去拜訪羅馬的一所大監獄，在祝福那些犯人時，他坦誠地說他這一次到監獄是為了探望他的侄子。

　　很多人認為他是耶穌的化身，因為除了他知道怎樣分享別人的苦樂之外，另一個原因就是他坦率真誠。

　　人存活於世間，能以本色天性面世，不費盡心機，不被那些無所謂的人情客套、禮節規矩所約束。能哭能笑，能苦能樂，泰然自在，怡然自得，真實自然，保持自己的個性特點，豈不是樂事？

◆ 按照自己的方式選擇生活

　　你所有的歲月最終會過去，只有作出正確的選擇，你才配說你已經活過了這些歲月。

　　生活是平淡的，但是，如果我們用心生活就會體會到這平淡中包含的美。四季寒暑，春風夏蟬，秋菊冬雪，自然賜予了生活無窮的風

第四章　自由定律
按照自己的方式選擇生活

景、成功的喜悅、幸福的淚水、真摯的友情、坦誠的信任。人間的情感給生命增添了光彩，平凡的生活其實非常值得熱愛，自然質樸的生命也應該充分享受。因為，擁有自己生活的喜悅，享受自己生命的快樂，是一件多麼令人愉快的事啊！按自己的方式選擇生活，你就能活出一個真實而自由的自己。

1954 年，邱吉爾再次訪美，隨行的有他的外交大臣艾登。艾森豪徵求他的意見，願意住在哪一個房間，邱吉爾不假思索地選擇了皇后臥室，而把規格最高的林肯臥室讓給了艾登。

他對洗澡也有特殊的要求，浴缸裡必須放上三分之二的水，水溫得控制在 37℃，他在浴缸裡像海豚一樣翻身，晨浴一結束，僕人馬上將果醬和一杯優質的蘇格蘭威士卡放到他伸手可及的地方，好讓他躺在床上，一邊閱讀，一邊盡情地飲用。晚上 7 點鐘，邱吉爾洗一天中的第二次澡，稍作休息後就享受豐盛的晚餐。據說，在戰爭期間不管戰事如何激烈，他總是帶著一個錫制的浴盆到前線。

邱吉爾一生身體健康，精力充沛，著作豐富，愛好消遣，喜歡享受生活的甘美。他漫長坎坷的一生，是創造的一生，也是按自己的方式快樂生活的一生。

按自己的生活選擇生活，是對你的生活負責，是對自己意志的尊重。

一位 80 歲的朋友一直反覆思考她應該待在她的住所還是去養老院。她的年齡是個事實，她每況愈下的健康也是個事實。權衡這些事實，選擇安全的養老院，是多麼明智的選擇。然而令人意外的是，她沒有理會這些事實，留在了原來的地方，一直到現在。已經 86 歲了，並不需要朋友們很多的說明，她自如地應付著一切，幸福地過著愉快

的獨立生活。

另一個朋友作出了相反的選擇，她說：「我累了。我現在需要照顧了。」她的要求得到了滿足。她被供養起來，被放在床上，被移來移去，她現在對此厭惡了。作出選擇時一定要慎重，不然你可能會自食其果的。

艱苦的選擇，如同艱苦的實踐一樣，會使你全力以赴，會使你更有力量。躲避和隨波逐流是很有誘惑力的，但有一天回首往事，你可能意識到：隨波逐流也是一種選擇——但絕不是最好的一種。

你的生活不是試跑，也不是正式比賽前的準備運動。生活就是生活，不要讓生活因為你的不負責任而白白流逝。要記住，你所有的歲月最終會過去，只有作出正確的選擇，你才配說你已經活過了這些歲月。

第五章　「不倒翁」定律

章首導言：

　　拿破崙——這個不可一世的偉人，他的一生所有的戰役有三分之一是失敗的，或許我們的平均記錄並不比他更差，誰知道呢？更重要的是，即使動用國王所有的兵馬也不可能挽回過去。所以「千萬別為打翻的牛奶而哭泣！」

◆ 定義幽默

幽默能給人帶來愉悅，使情緒平和舒暢。在日趨競爭激烈的社會，幽默是一種難得的個性，它代表了人性的自由和舒展。

對於「幽默」這個詞，我們也許並不陌生，然而，究竟什麼是幽默呢？心理學家認為：幽默是人的個性、興趣、能力、意志的一種綜合體現，它是語言的調味品。有了幽默，什麼話都可以讓人覺得醇香撲鼻，雋永甜美。它是引力強大的磁鐵。有了幽默，便可以把一顆顆散亂的心吸入它的磁場，讓每個人的臉上綻開歡迎的笑容。它是智慧的火花，可以說，幽默與智慧是天生的雙胞胎，是知識與靈感勃發的光輝。

幽默中滲透著一種堅強的意志。富有幽默感的人往往是一個奮力進取者。

著名的發明家愛迪生就是一個善於以幽默來對待失敗，並不斷進取、終獲成功的典型代表。他在發明電燈的過程中，實驗燈絲的材料時，失敗了一千二百次，總是找不到一種能耐高溫又經久耐用的好金屬。這時，有人對他說：「你已經失敗了一千二百次了，還要實驗下去嗎？」「不，我並沒有失敗，我已發現這一千二百種材料不適合做電燈絲。」 愛迪生笑著說。

愛迪生就是以巨大的幽默力量，從失敗中看到希望，在挫折中找到鼓舞。

幽默也能展示人的一種樂觀豁達的品格。

半夜時分小偷光臨，一般不會令人愉快，可是巴爾扎克卻與小偷開起了玩笑。巴爾扎克一生寫了無數作品，卻常常手頭拮据，窮困潦

第五章 「不倒翁」定律
定義幽默

倒。有一天夜晚，他正在睡覺，有個小偷爬進他的房間，在他書桌裡亂翻東西。巴爾扎克被驚醒了，但他並沒有喊叫，而是悄悄地爬起來，點亮了燈，平靜地微笑著說：「親愛的，別翻了。我白天都不能在書桌裡找到錢，現在天黑了，你就更別想找到啦！」

幽默，實在是具有神奇的魅力：可以使愁苦的人笑顏逐開，可以使淚水盈眶的人破涕為笑；可以為懶惰者帶來活力，可以為勤奮者驅散疲憊；可以為孤僻者增添情趣，可以使歡樂者更加愉悅……

幽默是一種非常好的情緒調節劑，是氣質好的表現。

幽默能給人帶來愉悅，使情緒平和舒暢。在日趨競爭激烈的社會，幽默是一種難得的個性，它代表了人性的自由和舒展。

人人都在追求幽默，但幽默是自發的、可遇而不可求。

在我們這樣的社會裡，幽默是一種十分難得的天外來客。

誰能在幽默上占主動，誰就能很好地控制情緒。

幽默說明一個人在情感調節中的主動性。當一個人悲哀的時候，他的幽默說明了他是不會把悲哀真正放在心上的。

幽默是氣質好的高度體現，能使你具備高指數的「情商」。

幽默，就是有這樣一種迷人的魅力，真是一種擋不住的誘惑。那麼，當你勃然大怒時，何不嘗試一下幽默的魅力？在我們這個世界上，你的言行以及你是否動怒會產生什麼影響？充其量不過相當於大海中的一滴水，對世界來說無關緊要。只是前者使你精神愉快，後者使你精神痛苦。

你的生活是否過於嚴肅，以至於你看不到這種生活的荒謬之處？要是一個人從來不笑，那他可能有些變態，每當你的言行過於嚴肅時，提醒自己，你所享有的時間只是現在。當開懷大笑可以使你愉快時，

傻瓜哲學

人生很難，那是因為你不懂裝傻

為什麼要以憤怒折磨自己呢？

像個快樂的傻瓜那樣「幽人一默」或接受幽默，你的生活中的笑聲會更多，心情也會更快樂。

◆ 訓練你的幽默感

幽默與刻薄常常因聽者的心情與立場不同，而有不同反應。幽默，可以使人歡笑，但若使用不當，也會使人不悅。

幽默感是你的資本

一般來說，一個人在談吐中儀態自然優雅、機智詼諧、風趣、懂得自嘲、引人發笑，我們都可以說他是個具有幽默感的人。而能善用比喻，將有趣的故事導入主題時，更能令人印象深刻。

馬克·吐溫說：「幽默是真理的輕鬆面。」

的確，幽默不是「正面的說理」，而是「側面的笑談」，使人在哈哈大笑時，能滲透、瞭解人生的哲理。

有些「名嘴」，並不是因為他演講的內容有多好，而是因為他有幽默感，讓全場笑聲不斷，雖然演講沒什麼內容，但大家也不太去計較，反而因為有那「名嘴」的演講，必定準時「報到」。

在餐桌上，有幽默感的人可以帶動全場的氣氛，給聚餐留下令人愉快的回憶，而這位有幽默感的人也必定成為聚餐中的主角，讓人印象深刻。而且還有一個可能——以後常會有人請這個人吃飯。

官員或企業主若有幽默感，也可在無形之中增添凝聚力，化解不必要的紛爭，並且為自己塑造親和的形象。

總之，有幽默感的人可以為自己創造一種魅力，這種魅力就是

你的資產。

培養你的幽默感

你有幽默感嗎？也許你會說自己是個刻板嚴肅的人，不過我要告訴你，有些人確實天生就渾身充滿了幽默細胞，但並不是沒有這種稟賦的人就一輩子刻板嚴肅，因為幽默感是可以訓練培養的，那怎樣訓練、培養自己的幽默感呢？

以下的方法可供參考：

首先，要敞開你的心胸——就好比讓陽光曬進屋子一般，去接受各種不同的人和事物，這些人和事物會在你的心中留下痕跡，成為幽默感的根本。

保持愉快的心情——這是幽默感的「土壤」，如果你的心情沉鬱，老是想一些不快樂的事情，怎能製造出屬於快樂的幽默感呢？

積累幽默的素材——如果你不是能即興幽默的人，不如大量地看漫畫和笑話，從中體會幽默的感覺，久而久之，便可自己製造幽默，至少也可運用看來的笑話。另外，也可體會別人的幽默感，然後模仿一番。

對自己幽默——幽默大部分都和人有關係，有時你對他人幽默，但這種幽默不好把握，因此不如對自己幽默，一方面不得罪人，一方面也可讓人瞭解你是個心胸廣大、易於相處的人。

不過有一點必須注意，發揮你的幽默感時，必須看場合和物件，粗俗的幽默最好避免，否則就不是幽默，而是鬧笑話了。

幽默可以使人放鬆心情，以愉快開朗之心去應付複雜的人生。但是，講述幽默笑話時，也必須注意到時機、場合和聽眾，因為不是所

有幽默笑話都適合在各種場合講給所有人聽。因為，幽默與刻薄常常因聽者的心情與立場不同，而有不同反應。幽默，可以使人歡笑，但若使用不當，也會使人不悅。

因此，一個「幽默傻瓜」在講述笑話時，應顧及聽者的心情與尊嚴，避免過度的譏笑與嘲弄；否則自以為幽默的笑話，一不小心，擦槍走火，反而會冒犯他人，得不償失。

所以，西方哲人說：「幽默是用來逗人發笑的，而不是用來刺傷人心的！」想做個幽默的人沒有錯，但對幽默感的培養也很重要呦！

◆ 增加幽默感的祕訣

電梯壞了，就開始爬樓梯，碰上塞車，就趁機欣賞路邊風景；隔壁的鄰居老是想看你的「笑話」，你就真的要好好的說個笑話給他聽……

你也許想問，想增加幽默感，有沒有什麼祕訣呢？有，而且非常簡單——只要隨時懷著好玩、有趣的心情看待每一件事。電梯壞了，就開始爬樓梯，碰到塞車，就趁機欣賞路邊風景；隔壁的鄰居老是想看你的「笑話」，你就真的好好說個笑話給他聽……，用這種趣味和遊戲的幽默方式替你自己打氣，你就會豁然發現，每天出門都是那麼神清氣爽。具體來說，下面幾個方面值得你注意：

用幽默反擊命運。這個標準實在很難把握，因為每個人對事情的感受程度不同，有人碰到某些狀況會認為好笑，因為他可能有過相同的經驗，但另一些人可能就會覺得無聊。

大多數人的生活是很苦悶的，而「幽默感」則是人對於悲慘命運

第五章 「不倒翁」定律
增加幽默感的祕訣

的唯一反擊。我們每天只要一出門就會看到一大堆令我們不舒服的事，何不利用幽默感來放鬆自己？

聽說國外有一種「幽默感訓練」，這個主意不錯，但是一個人的幽默感不一定完全可以訓練出來，頂多只是觀念的啟發，恐怕無法傳授技巧。因為幽默「感」本來強調的就是一種「感覺」，這是很主觀的東西，必須靠自己去修行。不過，如果你自認為沒有什麼幽默感，只要經常到人多的地方，保證隨時都可以看到有趣的事。一旦你覺得好笑，就大聲地笑出來吧！

機智是幽默的源頭——有人批評中國人沒有幽默感，其實中國人歷來就很懂得幽默，尤其是一些君主，常常有詼諧睿智的言論。但是由於中國人受到太多傳統教條的束縛，凡是「裝瘋賣傻」就會被視為不夠莊重、不夠威嚴，所以，得擺出一副道貌岸然的模樣。

一個國家的元首如果不夠幽默，那麼這個國家一定很悲哀。觀察古今中外的例子，在越是民主的國家，元首就越有幽默感；而那些獨裁國家，獨裁者總是擺著一張冷若冰霜的臉孔。如美國總統常常成為電視節目主持人公開挖苦的對象，也絲毫不以為意。

英國首相邱吉爾也非常有幽默感，有一次，他到國會發表演講，一名女性議員對他的演講內容極不滿意，站起身說道：「如果我是你太太，我一定想辦法把你毒死。」

邱吉爾回答得則更絕：「如果你是我太太，不必等到你下手，我會先把自己毒死。」

對中國人來說，「幽默（humor）」這個詞是不折不扣從英文直接翻譯的「舶來品」，中國人向來使用的形容詞則是「詼諧」、「滑稽」等等，所有的幽默都來自「機智」，這和「搞笑」不同，好笑的

傻瓜哲學
人生很難，那是因為你不懂裝傻

事情不見得就是幽默，幽默可以反覆咀嚼，值得一看再看，一想再想。好的幽默題材更令人拍案叫絕，出乎意料，甚至讓你笑出眼淚，因為它觸碰到人內心的底層，你會覺得它說的根本就是自己。

幽默與天生的性格有關，但也可以培養。有一句話：「能每天對著鏡子微笑的人，就會有幽默感。」幽默感應該是日常生活的累積，多看有趣的書，聽有趣的事，接受有趣的人。你可以常常利用散步和搭乘公車的時候觀察他人的表情，有著急的，有憂愁的，有無奈的，有若有所思的，也有面無表情的，同時你也可以猜猜他們可能發生了什麼事，自己忍不住就會笑起來！

幽默的人愛問「為什麼」——做廣告，幽默感很重要，一則幽默的廣告可以引起消費者的興趣，甚至喜歡這種產品。幽默遠遠比板起面孔說教更容易打動人心。

譬如，有一個賣刮鬍刀的廣告，用了一句廣告詞：「要刮別人的鬍子，先把自己的鬍子刮乾淨」，還有一個賣吸塵器的廣告，用略帶誇張的口吻強調自己有「好大的口氣」……

這些都是運用幽默感來表現創意的例子。

幽默感可以說是廣告創意人員必備的條件之一，而幽默感的培養則與本身的生活態度息息相關。基本上，「創意」這兩個字，就是打破傳統，改變現狀。所以，如果你經常思考問題，又很有好奇心，看到事情會反問「為什麼」，你大概就能成為一個具有幽默感的人。

幽默必須言之有物，不能光耍嘴皮子，那叫做刻薄。刻薄的人總是拿著劍去刺傷別人，卻不檢討自己，這種人十分讓人厭惡，應該送他到地獄裡去拔舌頭。幽默的人給別人的感覺是溫暖、仁慈、敦厚，說出來的話能讓人哭、讓人笑、讓人反省、回味無窮。即使是講笑話，

除了令人發笑之外，也要講究深度，如果只是為了開玩笑而已，那會令人倒盡胃口。

還有，幽默應該是一種手段，而不是目的。就好像小孩子玩遊戲，雖然表面看起來很輕鬆愉快，但是他們的態度卻很認真。

如果你想成為一個受歡迎的人，如果你想增添自己的魅力，如果你想讓自己變得輕鬆快樂，那就學一點幽默感，做一個幽默之人吧！

◆ 扮扮傻相也無妨

有時候扮扮傻相也不是一件壞事，你可能會因此得到許多的好朋友——沒有人會拒絕身邊有這樣一個有趣的朋友的。

每天用幽默和微笑來減輕你思想上的負擔，做點古怪的事情，或者有些瘋狂，有點傻傻的，都沒有關係，如果能夠讓自己和周圍的人快樂起來，就是好的。其實有時候扮扮傻相也不是一件壞事，它不會殺了你，相反，你可能會因此得到許多的好朋友——沒有人會拒絕身邊有這樣一個有趣的朋友的。

說了這麼多幽默和歡笑的作用，都是從比較抽象的角度來看的，另外，我還希望向你們說明笑聲對我們的身體有多麼大的作用。笑聲能夠起到的醫學作用是所有人都應該瞭解的。

當你笑的時候，大腦裡的資訊通道會積極地運作起來，它會開始回應你，電子和化學的反應如同進行競賽一般在身體的各個部位競相發生。腦垂體被啟動了，它釋放出的物質刺激體內血液的迴圈，焦慮和緊張所引起的副作用被降低了，體溫開始升高，脈搏和血壓降低，肌肉緊縮，聲帶顫抖，面部發生相應的變化，你累贅的腹部得到鍛鍊，

肺部的氣壓加大，有利於你暢快地呼吸。

我們可以看到，除了一些抽象意義上的好處之外，笑還可以給我們帶來這麼多的生理意義上的益處；而這些也許正是你所需要，但又總是沒有辦法得到的。還是我們經常說的一句話，既然笑和幽默可以給我們的生活帶來那麼多的快樂和裨益，為什麼不去試一試呢？簡單的說明也許還不足以令你相信，但嘗試一下並不會有什麼壞處，那麼就去做吧！

◆ 做個「寶貝蛋」

幽默本來就代表一種放鬆的生活狀態，是一種放下身架的人際互動。你可以用嚴肅的心情面對工作，而不是拿來對付自己與周圍的人。

每一個辦公室幾乎都會出現一兩個「寶貝蛋」，這些傢伙常常被視為辦公室裡的「潤滑劑」，是製造幽默搞笑的高手。尤其是，正當大夥氣氛沉悶、心情緊張的時候，只要這些寶貝蛋出現，總是毫不費力地就扭轉了情勢。

一般來講，有幽默感的人表現較優秀。在劍拔弩張的工作場所，幽默感似乎是用來對付壓力的最好方式之一。許多管理專家發現，幽默能夠改善組織內的生產力與士氣。而且，有幽默感的人通常在工作表現上勝過那些沒有幽默感的人。

很多企業老闆也認同此點。在美國，一些較具規模的公司，甚至聘請管理顧問從事員工幽默訓練。芝加哥一家生產與經銷幽默訓練影片的公司聲稱，它在五年內至少服務過一萬二千家公司。據稱，著名的柯達公司在其位於紐約州羅徹斯特鎮的辦公室內，就設置了一間占

第五章 「不倒翁」定律

做個「寶貝蛋」

地一千平方尺的「幽默室」供員工戲耍，裡面放著伍迪·艾倫與「天才老爸」比爾·寇斯比等人的錄影帶、可以拋擲的塑膠漢堡，以及上了發條嘎嘎作響的假牙等等。

這些老闆不惜投資訓練員工的幽默感，是因為他們相信：具有幽默感的人大都比較聰明、勤奮、有創造力。馬里蘭大學做過一項調查顯示，工作時開玩笑往往令人覺得愉快，而這種感覺直接應用到思考上，會讓人們更能想出有效率的解決方法，更機敏，也更敢於冒險。這項調查同時做出了一個結論：員工對工作的滿意程度，和同事間是否時常充滿詼諧與笑聲有密切的關係。

不過，幽默也有禁忌。幽默有時真的暗藏危險，而且，還可能讓你莫名其妙地「撞牆」。因為你沒有把握測出別人是否和你具有相同程度的幽默感。每一個人對「幽默」的尺度與品味互異，你自認好笑的事，在別人眼裡可能覺得無聊。還有，男女同事對幽默的認定標準也有高下。譬如，男性比較習慣具有敵意或侵略性的幽默，喜歡當面嘲弄對方；女性則比較傾向於自貶、自我解嘲式的幽默。如果你不懂其中的差異，小心你的幽默換回來的是一雙雙怒目相視的白眼。你可千萬得弄清楚，有時候，幽默與嘲諷是完全不同的兩回事。大多數人寧可嘲諷自己，卻無法忍受變成別人取笑的元素，尤其是握有權力的主管，會直覺地以為你在向他的權威挑戰。

根據某些心理學專家解釋，真正的幽默多少帶點選擇、顛覆的意味，在千篇一律的例行公事中，自娛娛人。可是看在主管眼裡，他可不認為有什麼好逗趣的，他甚至對你的嬉皮笑臉反感，如果逮到機會，就想好好修理你一頓。

的確，在辦公室內，有些話題絕對是開玩笑的禁忌，譬如宗教信

105

仰、身體缺陷、生活隱私、性別歧視等等，很容易被對方誤認為人身攻擊，那接下來的爭執就會沒完沒了。

不過，話又說回來，只要運用得體，一個人擁有幽默感絕對不是壞事。有位管理專家就說得很妙：「人寧願笨一點，但可千萬不要嚴肅。」幽默本來就代表一種放鬆的生活狀態，是一種放下身架的人際互動。你可以用嚴肅的心情面對工作，而不是拿來對付自己與周圍的人。

需要注意的是，說笑話並不等於幽默。幽默其實是一種臨場機智的表現，是渾然天成的思維形態，顯示一個人的內涵與智慧。而笑話則是經過包裝的幽默，不如隨機應變來得高明，如果你只是想說說笑話，你需要的可能只是一本《笑話大全》而已。

比較起來，發明「相對論」的愛因斯坦的幽默就飽富智慧。曾有人要求愛因斯坦解釋什麼是相對論，他回答說：「如果你和漂亮的女孩坐在一起一小時，感覺好像才過了一分鐘；但如果你在火爐旁坐了一分鐘，感覺卻好像坐了一小時。這就是相對論。」

不過短短幾句，愛因斯坦就將自己偉大的發明描述得如此生動而淋漓盡致，幽默的「功力」令人折服。

做個「寶貝蛋」絕對是快樂傻瓜游刃在辦公室叢林生存法則中的「殺手鐧」。

◆ 做個快樂的不倒翁

人生在世，生命苦短，但偏偏有些人浪費很多時間，為那些本來可以很快忘記的小事而煩擾，以至於豐富多彩的生活在他那裡就變成

第五章　「不倒翁」定律

做個快樂的不倒翁

了灰色人生。一旦提及他們的不快樂，他們還振振有辭：生活本來就是這樣嘛。有人統計，人的一生，75% 以上的時間在痛苦、煩惱，只有 25% 的時間在享受歡樂。人生的確是痛苦比快樂多。

正因為快樂是如此短暫，我們為什麼不多加佔有享受這 25% 的時間呢？人生本來苦惱已多，我們為什麼不在這苦惱中尋求快樂呢？讓我們都做一個快樂的不倒翁而決不讓生活的瑣碎擋住我們的追尋的腳步。

小心不要踏進快樂的「雷區」。

一、不要因為別人的批評而煩惱

渴求讚美，這是人的共同性。但現實生活中，我們不可能隨時讓悅耳的稱讚充斥於耳，更要面對難聽的指責、無情的批評，甚至是惡意的攻擊。而且有些人為了達到自己的目的，為抬高自己，樂此不疲，頗有絕招。但有些人就是愛中他人之計，與之較真，與之反抗，甚至使之成為自己的一大精神負擔與壓力。記住古人的一句哲理之言：走自己的路，讓他人去說吧！

二、別為小事而煩惱

「我曾是個多慮的人，」阿伯特說道，「但是，1934 年的春天，我走過韋布城的西多提街道，有個景象消除我所有的憂慮。事情的發生能只有十幾秒，但就在一剎那間，我對生命意義的瞭解，比在前十年中所學的還多。」

「那幾年，我在韋布城開了家雜貨店，由於經營不善，不僅花掉所有的積蓄，還負債累累。我只有去銀行貸款。」

「就在我垂頭喪氣時，有個人從街的另一頭過來了。那人沒有雙

傻瓜哲學

人生很難，那是因為你不懂裝傻

腿，坐在一塊安裝著溜冰鞋滑輪的小木板上，兩手各用木棍撐著往前前進。」

「就在那幾秒，我們的視線相遇，只見他坦然一笑，很有精神地向我打招呼『早安，先生，今天天氣可真不錯！』我望著他，體會到自己是何等的富有。」

「結果，這件事改變了我的一生，我在堪薩斯找了一份工作。」

卡耐基告誡我們：我們活在世上的光陰只有短短幾十年，但我們卻浪費了很多時間，為一些一年內就會被忘了的小事發愁。這是多麼可怕的損失。

我們通常能很勇敢地面對生活中那些大的危機，可是，卻被芝麻小事搞得垂頭喪氣。

芝加哥的約瑟夫·沙巴士法官在仲裁了四萬多件不愉快的婚姻案件之後，說道：「婚姻生活之所以不美滿，最基本的原因通常都是一些小事情。」而紐約的地方檢查官法蘭克荷根也說：「我們的刑事案件裡，有一半以上是因為一些很小的事情：在酒吧逞英雄，為了一些小事情而爭吵不休，講話侮辱人，措辭不當，行為粗魯——就是這些小事情，結果引起傷害和謀殺。」

生命太短了，我們不能為了小事停住前進的腳步。

我們不都像森林中的那棵身經百戰的大樹嗎？我們經歷生命中無數狂風暴雨和閃電的打擊，但都撐過來了。可是卻會讓我們的心被憂慮的小甲蟲——那些用大拇指跟食指就能夠捏死的小甲蟲吞噬。

面對我們的生活，也許你有點疲憊不堪，但這種不幸的境界，又何嘗不是你每天積累的憂慮？也許，你確有難言的憂慮，以致使你對以後的人生失去多半的興趣；但是，你卻可以用另外一把鑰匙去打開

快樂之門——而改你憂愁不堪的形象。

如果我們把憂慮的時間，特別是用在一些小事上的時間去尋找事實，那麼憂慮就會在智慧的光芒下消失。

快樂的人生，帶給你的是永遠的自信和臉上藏不住的微笑。

自信和微笑帶給你的又是充滿朝氣的個人形象，和藹可親的交際性格。

交際方面的勝利，形象的完美，健康的心境帶來的不可能不會是個人的成功。

要在憂慮改變你以前，先改掉憂慮的習慣。

三、不要試圖改變不可避免的事實

人生之路充滿了許多未知未卜的因素，這些因素大致可以分為兩類，一類是可以改變的，我們可以透過自身的努力，或改變一定的條件而使之轉化；另一類是無法改變的。無論我們付出何種努力，也無法改變這一不可避免的事實。因此，當我們面對後者時，就得認定事實，做出積極樂觀的反應，這才是一種可取的態度。

◆ 找到短處使你更快樂

一個人應該承擔自己的短處，謙虛而不自卑，自信而不狂妄。那麼，一切不必要的煩惱憂慮必將煙消雲散。

生活中，我們每個人的肩上都承擔著種種責任與義務，每天都要面對紛繁複雜的事物，處理各種各樣的問題與矛盾。如果你總是過分地思前想後、擔心憂慮，那你的生活將永無安寧。

在某種意義上，一個人的煩惱憂慮主要是由自身的自卑多疑造成

的。自卑多疑的人既不相信自己，也不相信別人，對生活中的每一件事情都過分擔心，怎麼能沒有煩惱呢？因此，如果要想成為一個快樂的人，請注意培養你對生活的自信，以下建議也許是有幫助的：

(1) 找到自卑的原因，它也許是出於身體上的缺陷，也許你是某種能力的欠缺，或其他原因。知道了原因，你就可以有針對性的向自卑開戰了。

(2) 磨練自己，化「短」為「長」。要對自己充滿信心，這樣，即使有微小的改善，也能鼓舞你繼續努力。

(3) 把自己看成是獨一無二的，不要企圖讓自己的行為去符合某一個常規模式。

(4) 哪怕只有一點微小的進步，你也應該高興、自豪。你對自己價值的認識，要比別人對你價值的認識重要得多。

(5) 對別人的議論不必介意，不要做違背自信的事。這樣，你內心就會感到解脫，自然充滿信心。

(6) 如果你對學習、工作不滿意而又無力改變，你就應該透過業餘愛好來發揮自己的才智。這會使你的失望心情得到補償，不至於自棄。

(7) 如果你被指派去完成一項棘手的任務，盡力樂觀地去處理。如果你退縮了，你將會對自己的能力失去信心，給自己帶來更多的煩惱。

(8) 不要好高騖遠，因為過高的、不切實際的抱負是有害的。成就動機過高，經過努力而不能完全實現，就會增加挫折感。

(9) 不要經常拿自己與別人相比，有許多事情，別人可能做得

比你好得多。人與人的個性差異是客觀存在，而且社會環境十分複雜。要勇於接受那些不可避免、又令人不愉快的事實。如果老是同別人攀比，你將會對自己失望，這對評價你的價值是不利的。

（10）　不要信守這樣的格言：「別人能做到的，我也同樣能做到。」因為在同樣一件事上，不是每個人都能做得同樣好。

按照以上建議去做，相信你一定會快樂常在。當然，過分的自信也是不必要的，極端自信的人，常常陷入「不知為何」的可笑境地，自己還自鳴得意。這種行為在社會交往中，很容易造成與他人的衝突。通常他們的對手多於朋友。

因此，一個人應該承擔自己的短處，謙虛而不自卑，自信而不狂妄。那麼，一切不必要的煩惱憂慮必將煙消雲散。

◆ 裝出一份好心情

一個人老是想像自己進入某種情境，感受某種情緒，結果這種情緒十之八九真會到來。

美國心理學家霍特舉過一個例子：

有一天，友人弗雷德感到意志消沉。他通常應付情緒低落的辦法是避不見人，直到這種心情消散為止。但這天他要和上司舉行重要會議，所以決定裝出一副快樂的表情。他在會議上笑容可掬，談笑風生，裝成心情愉快而又和藹可親的樣子。令他驚奇的是，不久他發現自己果真不再抑鬱不振了。

弗雷德並不知道，他無意中採用了心理學研究方面的一項重要的

原理：裝著有某種心情，往往能幫助他們真的獲得這種感受 ---- 在困境中有信心，在不如意時較為快樂。

多年來，心理學家都認為，除非人們能改變自己的情緒，否則通常不會改變行為。我們常常逗哭著的孩子說：「笑一笑呀」，結果孩子勉強地笑了笑之後，跟著就真的開心起來。情緒改變導致行為改變。

心理學家艾克曼的最新實驗表明，一個人老是想像自己進入某種情境，感受某種情緒，結果這種情緒十之八九真會到來。一個故意裝作憤怒的實驗者，由於「角色」的影響，他的心跳和體溫會上升。

心理研究的這個新發現可以幫助我們有效地擺脫壞心情，其辦法就是「心臨美境」。

例如，一個人在煩惱的時候，可以多回憶愉快的時候，還可以用微笑來激勵自己。當然，笑要真的笑，要儘量多想快樂的事情。高聲朗讀也有幫助，只是讀書時要有表情，且要選擇能振奮精神而非憂鬱之作。一項心理研究顯示，心情煩惱的病人帶著表情高聲朗讀後，他們的情緒會大為改善。

◆ 開個「快樂」處方

為了防止你在此時遇到生命中最大的挫折，必須再從記憶中找出你最大的「禁忌」，提醒你在這個時刻最不能接觸的事情種類。

有的人會為某些事情感到非常的快樂，但是同樣的事情發生在其他某些人身上，可能毫無任何快樂的感覺，什麼原因呢？因為每個人都有不同的快樂價值觀。

一個快樂的處方。

第五章 「不倒翁」定律
開個「快樂」處方

　　請在回憶中尋找你的快樂。在你這一生中，令你感到最快樂的回憶有多少？請依它的快樂程度，按照次序填下十個快樂的回憶。（舉例：我最快樂的是在我五歲的時候，走在街頭，看到一群人在路邊聊天，談到一些神祕的話題。我在這群人之間認出了我的朋友，加入了聊天的陣容，同時也交到了很多的朋友。）

　　寫下十個「快樂」的回憶：一、二、三……

　　由以上十個記憶裡，找出裡面有多少和「親情」有關？多少和「學業」有關？多少和「朋友」有關？多少和「事業」有關？多少和「幻想」有關？多少和「情感」有關？請依它的種類，記錄下所占比率的高低，比例愈高的，代表你對那一種類型的事情最感快樂。你可能是一個成功的職業婦女，你的工作表現使你倍受推崇，並且有良好的工作能力，別人羨慕你的成就，但是你卻不見得很快樂。比方說，你有可能在記憶中所呈現的快樂記憶，比率較高的幾乎與親情和家庭有關：孩子的出生，家庭的聚會，孩子的笑容，滿月和生日等等，如果所占比率很高，表示你雖然是一個天生適合在事業發展的人，但是卻極需要家庭的快樂，才能擁有愉快的人生。而當你心情沮喪的時候，或者是因為這次的地震災害，使你的心情處於低潮狀態，不妨多回到家庭，和家人及子女創造一些親密的聚會。你會因為這些親密的聚會，帶來自己生命中最大的快樂，也會因此而降低內心的恐懼感，並增加安全。

　　找出你的禁忌。

　　為了防止你在此時遇到生命中最大的挫折，必須再從記憶中找出你最大的「禁忌」，提醒你在這個時刻最不能接觸的事情種類。請問，在你的記憶中，最痛苦的記憶有多少？請依它的嚴重程度，依次記錄下來。（舉例：我曾經在學校太頑皮，被教官罰站在操場中一整天，

傻瓜哲學
人生很難，那是因為你不懂裝傻

全校的男女同學都眼睜睜的看到我被處罰，使我在羞愧中感到非常的痛苦，因此有深刻的記憶。）

寫下十個「最不快樂」的回憶：一、二、三、……

由以上十個記憶裡，找出有多少和「親情」有關？多少和「學業」有關？多少和「朋友」有關？多少和「事業」有關？多少和「幻想」有關？多少和「情感」有關？請依它的種類，記錄下所占比率的高低。十個最不快樂記憶裡，比率愈高的，代表你對那種類型的事情才感到痛苦。你必須要設法避免接觸這種類型的事情。你天生不善於處理這方面的事情，除非增加你處理這種類型事情的能力，否則你會在同類型的事情中繼續創造痛苦和悲傷。

譬如，你可能不是一個善於調皮搗蛋的人，一旦你調皮搗蛋，會有抓狂的現象，同時你的肢體語言和氣質也傾向容易遇到想要處罰你的人，使你有過多被懲罰的機會。總之，你應該學著規規矩矩做人，或者是學習無傷害性的調皮搗蛋方式。當然也有人在親情、愛情、感情、學業、事業、各種人際關係、或朋友方面有很多痛苦的記憶，比率占得越高的，代表這個時刻想要創造快樂的你，愈要對他格外小心，或者儘量避免接觸同類型的事情。

結論。

以上十個「快樂」的記憶，以及十個「最不快樂」的記憶，是你終身受用的「快樂明細表」和「痛苦明細表」。你會發現：多麼奇怪的記憶啊！你竟然認錯了自己的感情。

你總是在你最不擅長的地方，不斷的參與和攪和，很沒有技巧的創造了很多錯誤的結局。你可能是一個懶鬼，卻發現最大的快樂是來自於工作上的成就，而你卻懶惰了一輩子，被親朋好友數落了一輩子。

也許你認為自己是一個渴望愛情的人，卻發現你的愛情故事竟留在記憶裡，應該寫入痛苦的明細表內的比較多，表示你並不擅長愛情，不容易被愛，自己又欠缺愛情技巧，卻花很多時間談戀愛，而沒有學習如何增加對愛情的認識。

　　經過了一番反省，有了這兩份明細表，請按照明細表內詳細記載的專案，改變你的生活方式。多做一些令你愉快的事，少讓痛苦的項目發生在你的生活裡，掌握住一個快樂的人生。

◆　放下掛念

　　拿起或放下，其實只是一念之間，而這一念之間的拿捏就能決定你的快樂與否。

　　有些事得關心它，但是有些事情卻必須放下它。

　　家人、朋友、寵物，你需要關心；煩惱，你需要放下。

　　值得關心的事，統統是好事；可以放下的事，一切是壞事。

　　關心，卻又放不了心。拿起或放下，拿捏真的難！該怎麼做？

1. 不做千手觀音。你可以這樣想：「我也關心人，但不操心。管不著的，我不操心；見不到的，我不操心；煩不了的，我不操心；做不到的，我不操心。」

2. 急與不急。將事情按等級分類，至少分成兩級：急、不急。急的事，努力辦完，不急的事，慢慢來。至於什麼事急，什麼事不急，則由自己決定。

3. 肚子與腦袋。有關肚子的事，屬於本能的生理需求，應該關心；至於腦袋裡的事，關係智慧、心靈，應該放下。比如家

中已處於無米之炊，便要關心；社會經濟景不景氣，可能我們無能為力，便放下。幫一個人，可以，我們自然拿起；幫全世界，簡直是在癡人說夢，當然放下。

拿起或放下，其實只是一念之間，而這一念之間的拿捏就能決定你的快樂與否。

◆ 體驗平靜

試圖在這繁忙的生活步調裡，挪出空間，找一種平靜，變得愈來愈緣木求魚。

每個人幾乎完全不可能不受干擾，外表上，我們都活在多彩多姿的美妙生活裡，但內心卻異常空虛。有人說，早晨醒來最常做的三件事是，刷牙、漱口、罵小孩；下班回家則有四件事好做，沐浴、更衣、看電視，又罵小孩；顯得現代人有多無聊透頂，周而復始地重複沒有營養的輪回。

我們都像蜜蜂，一天到晚，飛到東，飛到西，一刻不得閒。你試過平靜的感覺？比方說：

找一天不看電視。找一天，把電視關了，試試聽聽電臺音樂網中流露而出的美妙樂章；甚至什麼都不聽，只要把耳朵豎起，聆聽大地的天籟，蟲鳴、鳥叫、風浪、雨絲，讓心情安詳一會兒。

冥想。養成冥想的習慣，不一定合上雙眼，也不一定在某一處固定的地方，有時坐在月光下，身上靠著搖椅，在搖搖晃晃中，讓靈魂淡出軀殼；有時徜徉草皮上，讓微風拂臉而過，腦波靜得有如沒有漣漪的湖心；有時躺在頂樓上，伸展成大字形，仰望星光點點的夜空，

多數半小時，有時一小時，把生命中的一天做個小小整理。

多走幾分鐘。明明有條近路，姑且放著不走，專挑遠路行。多走幾分鐘，讓腦子放空，欣賞鳥的搔首弄姿；陽光從樹梢灑落的曼妙、蝴蝶翩翩的優雅，消除一天的疲勞。

在生命的每一刻，體驗平靜，不管別人對你的所作所為是否抱以譏諷，寧可做一個快樂的傻瓜。

◆ 尋回童心

找機會重溫舊夢，在秋高氣爽的日子，讀著一本又一本的兒童繪本，天馬行空，神奇古怪，飛天鑽地，把人帶進神思妙想的夢土。

現代人失去最多的是什麼？答案是：童心。

研究發現，小孩愛生氣，但只會持續三秒鐘、三分鐘；大人也愛生氣，但生氣的時間會持續三小時、三十天。所以有人說，該以「兒童為師」，意思是說，學學孩子，包括學學他們的童稚之心與赤子情懷，不計較、包容、開心、無怨、不記仇等等。

相信每個人都會覺得童年的生活是最真實也是最快樂的。那麼，就請努力尋回童心吧！如何尋回童心？

常跟孩子玩。你多久沒跟孩子玩了？很久，或者從不？教育專家說，人的一生該有三個童年，第一個童年自己過，第二個童年陪兒女過，第三個童年陪孫子過；玩得愈多，童心愈重。

動手做玩具。你是否想過，在一個微風午後，陪孩子坐在頂樓的椅子上，動手做做童年玩過的竹筷槍、竹蜻蜓、紙飛機、打陀螺……孩子喜歡，你也會歡喜。

閱讀兒童繪本。找機會重溫舊夢，在秋高氣爽的日子，讀著一本又一本的兒童繪本，天馬行空，神奇古怪，飛天鑽地，把人帶進神思妙想的夢土。這可是成人世界裡沒有的東西，味道很像武俠小說，讓思想高來高去。

聽孩子說故事。孩子很小的時候需要我們用充滿夢想的故事伴他入眠。如今到了孩子極有表現想跟你講大灰狼、小烏龜、老肥豬的故事的時候，也是你要以一顆孩子的心接受感動的時候了，「老少皆宜」何樂不為呢？

◆ 向不愉快說 bye—bye

一種認識在經過一次又一次的嘗試之後，便以失敗為理由放棄努力，那麼這種認識永遠不可能轉變為信念。

精神愉快，最難的是如何摒棄過去所接受的「應該」、「必須」等框框。

你首先要有一種自我意識，儘量不要說「他傷了我的感情」一類的話。你在做每一件事時，都要意識到自己在做什麼。對於人的思維來講，「溫故知新」這一原則也是同樣適用的，當然，你可能已經習慣於自己原有的思維方式，總是認為你的各種感情是外界因素作用的結果。

要知道一點，你原來的思維方式是經過了成千上萬個小時才得以形成和鞏固的，因而你也需要花費成千上萬個小時來掌握並運用新的思維方法——對自己情感負責的思維方式。

掌握新的思維方法並不容易，因為你已習慣於一定的思想方法以

第五章　「不倒翁」定律

向不愉快說 bye—bye

及由此產生的各種消極觀點，而摒棄迄今為止所養成的舊的思維習慣，非得花大氣力不可。下工夫保持精神愉快是很簡單的，但要學會擺脫精神不愉快卻並不容易，甚至很難，但難又有什麼關係呢？毫無疑問，我們不能因為難就不去掌握和運用這種新的思維方法。我們要像快樂傻瓜那樣向不愉快說 bye—bye。

如果你學會了汽車駕駛，那你不妨回想一下當初學習開車的情形。當你坐進駕駛室手握方向盤時，你所面臨的困難似乎是無法解決的——腳踏裝置有三個（離合器、腳制動、油門），而你只有兩隻腳來控制它們。當你慢慢鬆開離合器時，放得太快了，車子猛地一晃——踩油門的同時又放開離合器，右腳踩腳制動，但是必須先放離合器，否則又要顛簸——總是要想，要用腦子。你滿腦子的神經資訊向你顯示：現在該做什麼了？經過無數次的嘗試、錯誤、再努力後，終於有一天，你一坐進汽車就能順手把汽車開走了。車子既不會拋錨，行駛起來也不會一顛一停的，而你也不用再進行思考了。這時，駕駛汽車已成為你的一種熟練的技巧和本能。回想一下，你是如何做到這一點的呢？你顯然最清楚：你是在克服了重重困難、透過無數次的思考、回憶和努力之後，才做到這一點的。

對於人的情感調節來講，其道理與學習駕駛基本相同，儘管大腦的方式還不大為人所知。你現在所養成的各種習慣是透過一遍又一遍的重複逐步養成的，由於你自幼便開始學習和接受傳統的思維方式，你一直在接受著自己的行為，從未對它提出質疑，因而你會自然而然地表露出一種不愉快、生氣、傷心或苦悶，你也同樣可以讓自己學會不去選擇這些自我挫敗的情感。

例如，有人告訴你，找牙科大夫看病是一件很可怕的事情，這一

定很痛苦。因此，在你心裡，你一定會認為這是件很不愉快的事，你甚至會說：「我恨透了那個牙鑽。」然而，這些都是你逐步學會的一些反應。只要你想使看牙成為一種令人愉快的趣事，整個過程便成為趣味盎然的經歷。如果你願意，每當聽到牙鑽轉動的聲音，你可以想像這種聲音是一種美好的、能引起快感的資訊，從而促使自己去想像生活中令人興奮的時刻。你可以從完全不同的角度來看待所謂的痛苦，並努力體驗一種嶄新的愉快情感。如果一個人能夠主宰並調節自己在看牙過程中的感受，而不是消極忍受痛苦，那將是多麼有趣而令人興奮啊！

你或許對此表示懷疑。你可能會說：「我可以做到讓自己願意想什麼就想什麼，但只要他一開鑽，我還是難受得要命。」如果是這樣，那麼請回想一下當初學開車的情景，當初你又是何時開始相信自己能夠駕駛汽車呢？只有在一遍又一遍的重複之後，一種認識才可能成為一種信念，如果僅僅嘗試一次，便以失敗為理由放棄努力，認識永遠不可能轉變為信念。

任何想讓自己快樂的人，僅憑一種好奇心理去接觸新的思想是遠遠不夠的，你還必須下決心保持精神愉快，對使你產生惰性的思想提出質疑並徹底加以拋棄，否則問題的根本並不能得到解決。

◆ 走出孤獨

我們若想克服孤寂，就必須遠離自憐的陰影，勇敢走入充滿光亮的人群裡。

每個人一生中都會遇到不幸和挫折，當你面臨這種處境，不如面

第五章　「不倒翁」定律
走出孤獨

對現實，積極解決，隨著時間消逝，你就會走出困境與不幸，何必將自己那顆跳動的心禁閉，讓自己的人生陷入痛苦與不安？

雖然時代在進步，醫學更發達，但我們的社會卻有一種疾病愈來愈普遍，那就是處於擁擠人群中的孤獨感。

在加州奧克蘭的密爾斯大學，校長林·懷特博士在一次與青年見面的晚餐聚會裡，發表了一段極為引人注意的演講，內容提到的便是這種現代人的孤寂感：

「20 世紀最流行的疾病是孤獨。」他如此說道，「用大衛·里斯曼的話來說，我們都是『寂寞的一群』。由於人口愈來愈增加，人性已經彙集成一片汪洋大海，根本分不清誰是誰了……，居住在這樣一個世界裡，再加上政府和各種企業經營的模式，人們必須經常由一個地方換到另一個地方工作——於是，人們的友誼無法持久，時代就像進入另一個冰河時期一樣，使人的內心覺得冰冷不已。」

我們若想克服孤寂，就必須遠離自怨自艾的陰影，勇敢走入充滿光亮的人群裡。我們要去認識人，去結交新的朋友。無論到什麼地方，都要興高采烈，把自己的歡樂儘量與別人分享。根據統計顯示，大部分結過婚的婦女，都比先生活得更長。但是，一旦先生過世之後，這些婦女都很難再創造新生活。而男性由於工作的關係，基於工作本身的要求，他們不得不驅使自己繼續進步。通常，夫妻當中，先生要比太太來得強壯，也更富進取性。妻子則大部分以家庭為中心，並以家人為主要相處對象。所以，她必須獨自面對生活或追求個人的性格並沒有什麼心理準備。但是，假如她決心邁向成熟的話，應該是可以做得到的。

當然，孤寂並不專屬於鰥夫或寡婦。無論是單身男子或美麗的

傻瓜哲學
人生很難，那是因為你不懂裝傻

女王，無論是城市的外地人或是村裡的流浪漢，都一樣會嘗到孤寂的滋味。

幾年前，有個剛從學校拿到證書的畢業生，隻身來到大都會，準備大展宏圖，為這城市帶來一點光彩。這位青年長得英俊瀟灑，受過良好的教育，也有些閱歷，自己也很為自身的條件感到驕傲。安頓好之後的第一天，他在白天參加了一個銷售會議，到了夜晚，他忽然感到孤單起來。他不喜歡獨自一個人吃飯，不想一個人去看電影，也不認為應該去打擾有些城市裡的已婚朋友。或許，我們還可以再增加一個理由——他也不想讓女人纏上自己。

當然，他只是希望能碰到一個好的女孩，但那絕不是從酒吧或是單身俱樂部一類的場所去隨便挑一個來。結果，他只好在那個準備大展宏圖的城市裡，獨自度過了寂寞淒涼的夜晚。

其實，剛到一個陌生的城市，還是有很多事情可做——你可以選修成人教育課程或者是參加興趣俱樂部——這些都可以增加你認識人的機會。但是，假如你只是默默一人在餐廳裡吃飯，或在酒吧裡獨自喝悶酒，那就不能怪任何人為什麼得不到什麼情誼。你一定得去安排或做些什麼事。尤其下班後的時間，你要知道如何打發。但前提是你得先伸出友誼之手。

許多寂寞孤獨的人之所以會如此，是因為他們不瞭解愛和友誼並非是從天而降的禮物。一個人要想受到他人的歡迎，或被人接納，一定要付出許多努力和代價。要想讓別人喜歡我們，的確需要盡點心力。情愛、友誼或快樂的時光，都不一定一紙契約所能規定的。讓我們面對現實。無論你最親近的人遇到了多麼大的不幸，健康的人都有權利再快樂地活下去。但是，也必須瞭解：幸福並不是靠別人來佈施，也

要自己去贏得別人對你的需求和喜愛。

◆　向布波族（bobo）學習

布波人視自己的工作為一種精神創造，他們努力賺錢，但不認為錢比天還大，錢永遠不會佔據他們生活的全部。

布波族是新近幾年在現代城市中剛剛興起的一種時髦族群。

布波族並非以財富來衡量，財富給他們帶來自由，同時他們並不過分追求財富。布波族實踐著這樣一種生活方式「既可以獲得物質財富的成功積累，同時又能保持精神的獨立、自由和反抗。

他們擁有自己的主張與生活體系，不為金錢奴役，不為權威彎腰。布波人視自己的工作為一種精神創造，他們努力賺錢，但不認為錢比天還大，錢永遠不會佔據他們生活的全部。有這樣理念的人很多，但真的實踐起來，往往就背離了初衷。錢、權如美女，對人的誘惑大得超出你自己的想像。而布波族目標明確，定力甚強，因為「享受生活本身」是他們的堅定信仰。

也許會有越來越多的人成為布波族，因為生活的終端意義在於「個人化生活」，而不是那些勞心累神的附加值。

生活其實有另一種過法：不一定要背負很重的名利責任，一切以快樂與內心的真實需求為本源，不做工作的機器，不成為慾望的奴隸，那些用來為名利奔忙的時間，你可以用來和自然親近，或者好好愛一個人，讀一些書。

你或許並非有錢人，你或許有很多的理由透支健康與快樂：比如同學朋友都發達了；比如同事移民了；比如你想要的車和房還只是存

傻瓜哲學
人生很難，那是因為你不懂裝傻

摺上緩慢攀升的數字⋯，但有一天你會發現，生活的終端競爭其實只
在於身心：你的身體健康嗎？你的情感荒蕪嗎？你的幸福持久嗎？所
以快樂傻瓜要向布波族學習生活理念，將生活元素的比例調配好之
後再上路。

第六章　感官定律

章首導言：

　　釋放思維空間，一定要控制自己。應該知道，快樂地活著不只是你正在做的事情，也是你目前所處的感覺狀態，讓思想的弦不時鬆弛一下，享受一些輕鬆的時刻，試著讓自己更善良，更慷慨、更有愛心，做一個這樣的快樂傻瓜，您願意嗎？

◆ 躬身內省

　　困難、威脅等想法，使我們內心產生更多的力量，假使我們以積極的態度去應付，對我們的工作只有益處沒有害處。

　　「內省」兩字，大多數人都懂，意思是反躬自省，但是很少有人做得到。很多人嚴以律人、寬以待己，常常斤斤計較別人的得失，忘了審視自我。有錯，都是別人的錯；沒錯，都是自己正確。一位經商失敗的朋友向人訴說，他說都是家人不支持才會落得如此下場，在最困難的時刻，他們誰也不伸出援手，甚至打落水狗一樣，紛紛用嚴厲的口吻責怪，讓他雪上加霜。不過真的是這樣嗎？我請他認真地思考，家人是真的沒有伸過援手，或者已經力有未盡，哀莫大於心死了。

　　顯然是後者。家人的無能為力被他解釋成漠不關心，其實是私心惹的禍，私心裡的貪念把良知蒙蔽，讓他只知道自己，忽略了別人的想法。

　　有很多人都經常如此，有時會為了一些堅持，而把事情弄得不可開交，原來可以信手拈來便解決的事，變得焦頭爛額，以至帶來更多的傷感。

　　內省應該是我們這些年來的功課，也該是每個想快樂的人的功課。

　　第一，靜坐默思：它並不是禪坐、冥思、靈修等的心靈功課，只是一種隨時隨地，隨處境變化的隨想。遇上困難時，不要再一味地譴責對方、批評別人，而是閉上雙眼，想想看，錯在哪裡，有什麼更好的解決方法，可不可以換個方式。這樣就會豁然開朗多了，試試吧，一定可以的。

　　第二，拖延：衝突，有時是因為性子太急了，沒經過大腦，便直

第六章　感官定律
躬身內省

接反射出來，傷人傷己。等一等吧，學習把想脫口而出的壞話，等了一分鐘，往往因為把話吞回去，變得海闊天空。拖延，少了爭吵，多了靜謐。

第三，逃一逃：一個理直氣壯的人，浮躁的性格會惹來不少麻煩。學會逃一逃，不與人正面交鋒，離開烽火線讓雲淡風更輕。

逃向哪裡？可逃向大自然，逃回心裡。

心情的好壞會給每個創意者帶來不同的動力。有人說：「心情在每個人的臉上閃現」，現在的問題是：每個創意者如何消除積在心中的消極心情，以便給創意人生製造一種快樂的感覺。

假如我們以積極進取的態度來對付消極心情，它們就會變成一種挑戰，自動引起我們內心自發的力量和能力。困難、威脅等想法，使我們內心產生更多的力量，假使我們以積極的態度去應付，對我們的工作只有益處沒有害處。

有一些人會因別人說他「辦不到」而受打擊並且遭到失敗。同樣，也有人在聽到同一句話後，反而奮起應戰，堅決地非辦到不可。當我們聽到別人對我們有消極暗示或建議時，我們也應該以同樣進取的態度去應付。這樣做不但可能而且也很實際。

我們的心情不能用意志來控制，它也不可能隨我們的意志像水龍頭一樣的開關自如。若不能以命令控制它時，我們可以用計策來支配它。若不能用直接動作控制它時，可以間接地加以控制。

「壞」心情不能用意志力趕走。但是卻可以用另一種心情來替代。用正面攻擊無法將消極的心情趕走時，可以用積極心情取而代之，以達到驅逐它的目的。記住，心情是隨著想像而變的。當我們發現自己心情不好時，就不該再集中精神去想它，甚至竭力去驅走它；相反的，

傻瓜哲學
人生很難，那是因為你不懂裝傻

我們應該集中精神去構想一個積極的想像——從而使我們腦海中充滿安全、積極進取的想像及記憶。

一旦我們這樣做時，消極的心情就會自討沒趣地就跑掉了。這樣我們就會生出與新想像的事物相稱的快樂心情了。

讓人難以釋懷的總是不愉快的經歷。過去失敗的愛情經歷，朋友聚會時的尷尬處境都不斷在你眼前出現，即使它們已經過去了很長時間，在你看來卻像是發生在昨天。它們那麼深刻地留在你的記憶中，讓你後悔莫及。你會想原本只要早幾分鐘，整個事情都會改變。你在無人時候也會突然漲得滿臉通紅。你想把它們從腦海裡清除掉，想盡辦法逃避它，但結果是它們越來越鮮明。

糾纏除了讓我們飽受折磨和困擾外，不會帶來任何好處。我們會為此喪失把握現在、開創生活的能力。與其拼命抹殺它，還不如勇敢正視它，因為這是人成長中的一段必經歷程，也許讓人痛苦和難堪，卻能讓我們在此不犯同樣的錯誤。笑著面對它，從中吸取力量，你會發現你的生活變得輕鬆而充滿活力，你能更積極地創造未來。而那些不愉快的過去，會在不只不覺中慢慢褪去。

你是否常發現自己莫名其妙地陷入一種煩惱之中，而找不出應有的特殊理由。靜靜聆聽內心，聽從它，你會做出正確的選擇，否則，你將在匆忙喧囂的生活中迷失，找不到真正的自我。回到內心聆聽，探觸那內在的聲音，這將告訴我們怎麼做。有一個人，在進入大學之前非常苦惱，不知道該選擇哪間學校，在徵求了老師、家人、朋友各方面的建議後，他仍然猶豫不決。最後，他聆聽了自己的直覺做出決定，到現在他從沒後悔。

學會對別人說「不」，為自己創造獨處的時間；每年儘量做一次

旅行;調整人際關係;降低對物質的期望;這些都有利於你放慢過快生活節奏,學會聆聽內心深處那寂靜的呼喚,保持生活的平衡快樂。

◆ 享受在這個時刻

當你停止疲於奔命時,你會發現生命中未被發掘出來的快樂;當生活在欲求永無止境的狀態時,我們永遠都無法體會到更高一層的生活。

享受生活的關鍵就是,你必須注意自己的所作所為,然後放慢腳步。匆忙總是讓人出錯。「生活在這個時刻」就是享受你正在做的而不是即將做的事情,就如梭羅說的「吸盡精髓」。不要一邊吃飯一邊想著要幹的事情,或者一邊吃一邊看電視。在吃東西的時候你最好是專注於所吃的東西的色澤、香氣味道和營養。

你想快樂,關鍵就是:學會享受這個時刻,因為生活中確實有許多快樂美好的東西需要你去吸取。

法國大藝術家羅丹說:「生活中不是缺少美,而是缺少發現。」不懂得欣賞每日的生活是我們最大的悲哀。其實我們不必費心地四處尋找,美本來是隨處可見的。

有時,生活中的此時此地總是被忽略,你會無意中疏忽了「這個時刻的生活」。想一想吧,早上還沒起床時,你就開始擔心起床後的寒冷而錯失了被子裡最後幾分鐘的溫暖;早餐的時候你又想著坐車上班的路上可能會塞車;上班的時候就開始設計下班後怎麼打發時間;參加聚會又在煩惱回家路上得花多少時間了。

你總是生活在下一刻裡。你急著等週末來臨、暑假來臨、孩子長

傻瓜哲學
人生很難，那是因為你不懂裝傻

大、年老退休。等你老時，你真的也可以說成：「我真是等不及要死去了！」

你一刻也不停地轉著。你對塞車的公路亂罵髒話；你在超市中像沒頭的蒼蠅，毫無耐性；你對著電視不停地調換頻道；你一個勁兒地催促孩子快點。難道這是宇宙的報復嗎？你毀了宇宙，宇宙就用時間來控制你。

你確實在「殺」時間。這曾經是無所事事的說法，但現在你是真的在摧毀你的時間。你的時間花在殺死靈性、殺死享受愉悅的能力上。你過於自我中心，以為創立了人類有史以來一個最佳的文明。但你根本沒有時間享受。這像是浮士德與魔鬼的交換條件。

查斯特·非爾德爵士認為，現代人之所以不能擁有這個時刻的、美好的生活，是因為人們總是擔心時間不夠，就像人們總是覺得錢不夠一樣。學習享受已經擁有的時間、金錢與愛是最重要的一課。

如果要充分享受你的時間，就一定要學會放慢腳步。當你停止疲於奔命時，你會發現生命中未被發掘出來的快樂；當生活在欲求永無止境的狀態時，我們永遠都無法體會到更高一層的生活。你總是丟掉東西或者弄亂東西，結果不得不花時間整理。因為你總是在趕時間，沒時間和朋友談話，結果你就變得越來越孤獨；因為忙碌，你沒有時間反省，也沒時間注意身邊的事物。你忙得沒有時間注意所有徵兆，連身體有病的早期徵兆都沒有發覺；當你急著買東西時，沒有時間傾聽那個小小的聲音：「你真的需要這個新東西嗎？」

享受生活能幫助你充實人生，幫助人生充滿活力的方法。但大多數人在大多數時候都不知道自己在幹什麼。不可否認適當的「白日夢」對人的心理健康有益。你的問題在於，過多地沉溺於白日夢而忘記真

實的生活。

你必須擺脫對「下一刻」的迷思和幻想：它們有的不切時間，有的雖然是事實卻剝奪了你這個時刻的生活。

快樂傻瓜會很明白：生活不會去適應你，而你必須去適應生活。而且不是看你喜歡它變成什麼樣，而是原本它是什麼樣子你都得適應。與現實保持接觸可以幫助你就世界所能給予的去接納它，不會使你為它無法給予的而扭曲它、錯怪它，拋棄對這個塵世的幻想和對你自己的幻想可以去除生活的悲慘成分，使你能真實地面對你該處理的問題。

從白日夢裡走出來，學會欣賞自己和熱愛已經擁有的這個時刻的生活，這本身就是享受快樂。

◆ 在音樂聲中舞蹈

音樂與生活的關係，很難一下子就說清，但有音樂的生活卻很快樂，是不爭的事實。

如果我們身邊沒有了音樂，那麼生活會是什麼樣呢？

人類是天籟的子民，必須天天與大地合唱，但巧取豪奪的慾望卻讓人愈來愈遠離音樂，而接近嘈雜難聽的噪音。音樂與生活的關係，很難一下子就說得清楚，但有音樂的生活卻很快樂，是不爭的事實。這不僅是聽覺問題，更是心靈問題，因為音樂可以使人心曠神怡。

聆聽誘人的音樂，可以振奮人心，給自己精力。能讓人快樂的音樂如：

莫札特的《地二十五號交響樂》、施特勞斯的華爾滋、斯特拉文斯基的《受難者的讚美詩》、卡爾歐福的《幸福》、維瓦爾第的《四季》

中的《春》、貝多芬的《第三號英雄交響曲》、《第六號田園交響曲》。憤怒的時候，請聽德彪西的《月光曲》、貝多芬的《月光奏鳴曲》、勃拉姆斯的《催眠曲》。焦慮的人可聽蕭邦的《前奏曲》、舒伯特的歌曲集、施特勞斯的華爾滋。疲倦的人應該聽法雅的《西班牙花園之夜》、亨德爾的《水上音樂組曲》、巴赫的《咖啡清唱劇》。要想心情平和，不妨聽聽莫札特的鋼琴奏鳴曲、德沃夏克的弦樂小夜曲、貝多芬的《第七號奏鳴曲》。

◆ 傾聽天籟之聲

走在鄉野林間，靜靜地聽那翠鳥啁啾的婉轉樂章，草叢裡的夏蟲嘶鳴，偶爾和著風聲、雨聲、和潺潺水聲，再快樂不過了。

優質生活需要你用腳行動，用眼睛欣賞，用耳朵來聽，用鼻子去聞，用心感受。

有一個人一天心血來潮，買了一頂帳篷，就在頂樓空曠的地方紮營，與孩子一起數星星，歡喜入睡。他朋友說：「真浪漫呀！」他說：「對啊，我只是想找回失落的天真。」

經常與孩子們散步，尤其是有樹的地方，這樣便可盡情用眼窺探城市裡的燕子築巢，蜻蜓漫飛，蝶影幢幢，鳳頭蒼鷹禦風滑翔的優雅。用鼻子嗅聞野薑花的香氣逼人，含笑撲鼻而至，桂花穿腦而過。這些浪漫，我們都曾擁有，只是忙碌的生活，把該有的快樂的、浪漫的世界全打散了，讓人少了用心傾聽曼妙的花鳥世界。聖嚴師父說，人該學會用心感化自己，進而去感動別人；感謝每一種擁有，對人生感恩。我們不妨從今天就開始豎起耳朵，讓天籟穿耳而過，享受自然的曼妙。

現在只帶著一雙耳朵，走在鄉野林間，靜靜地聽那翠鳥啁啾的婉轉樂章，草叢裡的夏蟲嘶鳴，偶爾和著風聲、雨聲、和潺潺水聲，再快樂不過了。

適時安靜：如同星星有光害一樣，天籟也滿受音害，這個世界真的太嘈雜了，車聲、人聲、喇叭聲、電視、音響、打擊聲，聲聲干擾。適時給自己一個安靜的機會，好好教育失靈的耳朵，讓它再次聽懂天地樂章。

回歸大自然：美麗的聲音，在城市裡愈來愈不可得，把休閒生活移往戶外，尤其是綠意盎然、佈滿青蔥翠木的綠野，讓耳朵聽取生物聲嘶力竭的勁飆鳴放。

◆　尋找快樂的情趣

小小的付出，所得的便是積累，不把時間拿來做無謂的爭辯，做一點算一點，離成功便不遠。未來的事交給未來吧。

爬山、旅行、打球做什麼都沒情趣。怪不得美國心理學家約翰·蘭德指出，「藉口」是人類的最大敵人。它使人多了被動，少了主動；缺乏積極，引進消極，藉口愈多，表示愈缺乏人生動力。

沒藉口的人，把生活寄在現在；有藉口的人，把生活交給未來——等孩子再大一點；退休再說；升官就有希望；連續中獎三次就好了；等事業有成。

然後等到一切都來不及，才善罷甘休。少一個藉口，原來可以多一個浪漫。

說做就做：生活跟著感覺走就對了，今天很想看場電影，就去了；

現在很想喝杯珍珠奶茶，便喝了；朋友邀你爬山，時間許可，便去了；快樂的事，不要等到明天才去做。

0.1 大於 0：應該堅信，小小的付出，所得的便是積累，不把時間拿來做無謂的爭辯，做一點算一點，離成功便不遠。未來的事交給未來吧。

營造情趣：生活要有情趣。每天要求自己做一件歡喜的事，即使只是澆澆花、聽聽音樂，都很有情調。哲學家說，只要不找藉口，人生便往美好快樂前進。

◆ 快樂生活每一天

盤著腿，閉上雙眼，讓美好樂章從耳際流至腦海，按摩腦細胞一趟，讓人清醒開來。

一日之計在於晨！的確，美好的一天是從清晨開始的。

經驗豐富的醫生，能從一個人清晨的狀況，看你的健康狀態。一大早醒來時，昏昏沉沉的，身體一定不佳；過午才醒，或者睡不醒的人，那就更不必說了。

一天之始，始於昏睡，這一天可想而知，但卻有為數眾多的人是處在這種狀況，美好的一天，變成昏昏沉沉的一天。

怎麼辦？快樂傻瓜給你支個招。

一、早點睡：很多晚睡的人，大多都是硬撐，該睡卻不睡。改掉這種習慣，一切聽命於生理時鐘，便可回復美好的睡眠時段。想睡便睡吧，每個人身上都有瞌睡蟲，它叫你，你便睡，多麼簡單。

二、舒筋活骨：養成早晨醒來跳一跳的習慣，做做簡易的健身操，

打一套太極拳，把筋骨舒展開來。

三、洗個熱水澡：推薦熱水藥浴，會感到通身舒暢、清朗無比。

四、聽聽音樂：醒來打開廣播，聆聽一下美妙的音樂，盤著腿，閉上雙眼，讓美好樂章從耳際流至腦海，按摩腦細胞一趟，讓人清醒開來。

◆ 一分鐘享受快樂

每天多留一分鐘，看一看山水，看一看大海和天空，看一看星星和月亮，把人生演繹的美妙多情一點。

現代都市的人們總是迷迷糊糊醒來，急急匆匆刷牙，慌慌張張吃飯，匆匆忙忙上班，一刻也緩不下來。

下班回家，脫下皮鞋，換上便裝，扭開電視，撕開嗓門，頤指氣使家裡的每一個人，晚安，關燈睡覺。

明天呢？接著昨天回放。

每一個人的每一天，都像上緊發條的鐘擺，滴滴答答毫不停歇，時時刻刻都像戰鬥一般，忘了人生根本不必急於這一分鐘。多一分鐘努力，卻多了一分的疲憊，少了一分鐘的甘美。

如果每天巧用一分鐘，會是怎樣呢？

多陪孩子一分鐘：孩子才是人生裡最重要的資產之一，多一分鐘賺錢，便少一分鐘與孩子相處的機會，要珍惜。與孩子相處，你可以返璞歸真、童稚之心、無憂、歡樂。

多陪伴侶一分鐘：愛人不是用來拌嘴的對象，她是六十億分之一的緣分與修得五百年福分的集合，在終老之前多陪她一分鐘。一個一

分鐘很少，百個一分鐘也不多，但是千千萬萬個一分鐘，可就不少了。每天預留一分鐘給家人，人生便多了許多一分鐘的美好。

多讀一分鐘：書太多了，人的時間太少了，多浪費一分鐘，少閱讀一本書。經常省下零零星星的一分鐘，拿出一本喜歡又被遺忘很久的書來閱讀。多讀一分鐘，你會感到很愜意。

多玩一分鐘：人生倏忽一百年，少得可憐。每天多留一分鐘，看一看山水，看一看大海和天空，看一看星星和月亮，把人生演繹的美妙多情些。

只要一分鐘，人生其實可以變得風起雲湧，妙不可言。

◆ 多些感性織出浪漫

人生無須太多理性可言，學會以感性的方式對待生活，你就會感受到快樂傻瓜的快樂了。

多一些感性，為人生織出浪漫吧，比方說：

送一束花給家人，回家前順便溜進花店，買一束浪漫的香水百合，說一聲：「謝謝你陪我建立這個家。」

多說些浪漫的話，把兒子或女兒叫到跟前，輕輕地擁入懷裡說：「謝謝你們當我的孩子，我真的太榮幸了，有你這樣出色的孩子，體貼、有趣、還會幫忙做家務……」

他們會笑得合不攏嘴的。

這樣你就能感受快樂傻瓜的快樂了。

◆ 自我的生活方式最快樂

　　成功的快樂是人生的終極目標，一個沒有快樂的人生等於虛度一生。那麼從現在開始，追求你一生的成功與快樂吧！

　　許多人總是喜歡有錢人的生活方式，以為那就是快樂，孰不知，那樣不僅不快樂，而且有時還很煩惱。

　　《伊索寓言》中有一個關於鄉下老鼠和城市老鼠的故事：

　　城市老鼠和鄉下老鼠是好朋友。有一天，鄉下老鼠寫了一封信給城市老鼠，信上這麼寫著：「城市老鼠兄，有空請到我家來玩，在這裡，可享受鄉間的美景和新鮮的空氣，過著悠閒的生活，不知您意下如何？」

　　城市老鼠接到信後，高興得不得了，立刻動身前往鄉下。到那裡後，鄉下老鼠拿出很多大麥和小麥，放在城市老鼠面前。城市老鼠不以為然地說：「你怎麼能夠老是過這種清貧的生活呢？住在這裡，除了不缺食物，什麼也沒有，多麼無聊呀！還是到我家玩吧，我會好好招待你的。」

　　鄉下老鼠於是就跟著城市老鼠進城去。

　　鄉下老鼠看到那麼豪華、乾淨的房子，非常羨慕。想到自己在鄉下從早到晚，都在農田上奔跑，以大麥和小麥為食物，冬天還得在那寒冷的雪地上搜集糧食，夏天更是累得滿身大汗，和城市老鼠比起來，自己實在太不幸了。

　　聊了一會兒，他們就爬到餐桌上開始享受美味的食物。突然，「砰」的一聲，門開了，有人走了進來。他們嚇了一跳，飛也似的躲進牆角的洞裡。

傻瓜哲學
人生很難，那是因為你不懂裝傻

　　鄉下老鼠嚇得忘記了饑餓，想了一會兒，戴起帽子，對城市老鼠說：「鄉下平靜的生活，還是比較適合我。這裡雖然有豪華的房子和美味食物，但每天都緊張兮兮的，倒不如回鄉下吃麥子，來得快活。」說完，鄉下老鼠就離開都市回到鄉下去了。

　　這則寓言告訴我們，不同的人有不同的習慣、不同的個性、不同的生活方式，而所有這些不同，都注定了每個人獲得簡單快樂的方式必然是有差別的。

　　快樂的人懂得如何生活，不快樂的人，每天睜開眼睛總是懷疑地自問：「我到底要做什麼？」

　　大多數人一生熱衷於追求財富、權勢、名譽，我們很少聽人說：「我一生都在追求快樂。」因為，一般人總是相信，當他們得到財、權、名、利之後，快樂就隨之而來了。不過，等到他們耗盡畢生精力追到手之後才恍然大悟，快樂非但沒有來，反而換來了痛苦。

　　快樂的人都知道，快樂是人生最重要的價值，也是一種生活態度。

　　要追求快樂的生活，看似容易，卻需要相當的智慧。那麼快樂是什麼呢？請看：

　　(1)　快樂就是充滿希望。

　　(2)　快樂就是一輩子做自己喜歡做的事。

　　(3)　快樂是全力以赴，追求卓越。

　　(4)　凡事順其自然，不必強求，就能快樂。

　　(5)　快樂的人懂得珍惜，他們從不埋怨自己缺少什麼，而會珍惜自己的擁有。

　　(6)　快樂的人勇於嘗試，敢於冒險。

　　(7)　快樂無所不在，無處不有！

　　快樂的人活得都很有味道，很瀟灑，也很豁達。他們體悟到生命的無常，不知何時災難突然就來，唯有保持豁達才能從容應付。

　　我們周圍有很多人，當他們下了班之後，就像個洩了氣的皮球，整個人癱坐在電視機前，要不就是酗酒、豪賭，生活得很無奈，這種人一定是放錯了位置，他可能想賺更多的錢，想爬得更高，或者有更多的慾望，由於不知道割捨，想要的太多，結果反而掉進痛苦的深淵。

　　快樂是一種生活的態度。假使一個人一輩子有錢、有權、有名，卻沒有快樂，仍舊只能算是虛度此生。

　　隨心、隨興、隨緣就是快樂。人的一生，憂苦的時候比快樂的時候多。但是，話雖如此，我們並不一定就得憂苦地過日子。在我們的周遭，每天都會聽到一些壞消息，這些消息已經讓我們無所逃避，那為什麼不去找一些令人高興的事情來使自己快樂呢？

　　物質上如果保持恬淡，精神上就能有更大的空間去豐富它。我們常常感嘆人生無奈，總是有牽扯不完的瑣事，不是擔心這個，就是擔心那個。在短暫的生命中，每個人都應該留一些空間做自己想做的事。

　　成功的快樂是人生的終極目標，一個沒有快樂的人生等於虛度一生。那麼從現在開始，追求你一生的成功與快樂吧！

◆　真正懂得娛樂的人最快樂

　　娛樂不是目的，它只不過是一種讓人放鬆心情、給人安慰的方法而已。

　　娛樂非常重要。如何尋找適合自己的娛樂，則是一件非常快樂的事。但是，不要隨便去模仿別人。你最好先問一下自己，什麼是真正

傻瓜哲學
人生很難，那是因為你不懂裝傻

能使自己感到快樂的事情。在我們周圍經常發現，許多人什麼事都要
參一咖，整天忙忙碌碌，這樣的人是享受不到快樂的。只有在工作時
專心投入，而且能夠從工作中獲得快樂的人，才能在娛樂時感到快樂。

只懂得如何享樂的人生不僅完全不會令人感動，而且一點也無趣。
一個每天認真工作的人，他在娛樂時才會由衷地感到快樂。整天好吃
懶做的人，喝酒喝得醉醺醺的人、沉溺於酒色之中的人，一定無法從
工作中獲得真正的快樂，這樣的人每天只是在過著行屍走肉的日子。

精神生活層次低的人，大多只追求低級的享樂，他們也只能熱衷
於那些毫無品位的娛樂；與這類人相對的是，那些精神層次高的人，
則善於結交一些品性和道德良好的朋友，他們所追求的娛樂也是適當
的，它們既沒有危險性，又不失品味。很多人都明白，娛樂不是目的，
它只不過是一種讓人放鬆心情、給人安慰的方法而已。

在時間安排上，最好有一個明確的劃分。讀書、工作，或者是要
同有知識的人促膝交談，這些事情最好排在早上比較恰當。吃過晚飯
之後，儘量放鬆自己的心情，除非是發生了什麼緊急的情況，否則就
不要佔用它，最好利用這段時間讓自己輕鬆地做自己喜歡的事情，例
如，和幾個志同道合的朋友打打牌，或者幾個有節制的朋友玩玩愉快
的遊戲，即使有失誤，也不會因此而吵鬧。也可以去看演出，或去看
一場比賽，或者找幾個好朋友一起吃飯、聊聊天，度過一個能夠讓你
滿足的夜晚。這些都是那些真正瞭解娛樂真諦的人尋求快樂、放鬆自
己的方法。如果你也能像他們那樣早上讀書、夜晚遊戲，將時間作明
確的劃分，娛樂的方式也儘量選擇最適合你自己的，那麼你也可以得
到真正的快樂。

◆　享受藝術人生

藝術最大的作用力，在於能將靈魂撕裂，讓石頭移動，把動物變得有人性。

尼采說得好，藝術最大的作用力，在於能將靈魂撕裂，讓石頭移動，把動物變得有人性。別把藝術等同於畫家、雕塑家、陶藝家等等，任何一個善用美的眼眸，游走人生的人，都是藝術者。

有位哲學家說，人生有太多事該做，卻被忘了，美便是其中之一。可惜愈來愈多的人行路匆匆，低首不語，生活平淡無奇，忘了藍天、白雲、小橋、流水、春花、夏荷、秋風、冬白，把日子過得很不藝術。藝術生活，其實是可以自己編織的。

琴棋書畫學一些：把一天的時間花在同一件事上，是很無趣的，要找一些新玩意嘗試一番，跟女兒學學鋼琴，跟兒子玩玩象棋、圍棋、跳棋，自己磨磨墨、揮毫寫寫書法。

◆　緊靠快樂四根支柱

當我們將所有的懷疑、恐懼和緊張都置於腦後，體會到一種與宇宙融為一體的感覺時，這便是純粹的、積極的快樂時刻。

我們知道，當我們受到挫折，感到焦慮、失望時會是什麼感覺。可是，當我們處於最佳狀態，充分發揮了自己的潛能並且從生活中獲取了最多利益的時候，我們是否會想像到其中的滋味？如果我們預先明白我們在尋求什麼，也許我們會更容易找到快樂。

馬斯洛說的「自我實現者」向我們指出了下面的四項準則。

①容忍未知。「自我實現者」知道在變化無常的情況下怎樣生活，

傻瓜哲學
人生很難，那是因為你不懂裝傻

而不會感到提心吊膽、顧慮重重。他們接受這一現實，甚至有時還被它所吸引。但他們不知道答案時，他們採取承認的態度。實際上，他們總是傾向於去解開未知之謎，而不是堅持公認的真理。

②承認自己。「自我實現者」接受自己和自己的天性，他們不會因看不起自己而焦慮不安。面對不幸和災禍，他們和其他任何人一樣會感到痛苦，但是，對於那些無法改變的事他們能夠想得開，並且能照常生活。他們不會像許多人那樣，為了擔心事情可能會怎樣而煩惱。

③實事求是。自我實現者又是現實主義者，他們具有一種不尋常的發現虛假、欺騙和不老實的能力。作為馬斯洛教授研究物件的一位企業家寫道：「一個人不能因為水的潮濕或岩石的堅硬而抱怨不休，同樣，當一個競爭者戰勝了你，使你不能簽訂一份承包契約的時候，也沒有什麼好抱怨的。」

④賞心悅目。自我實現者對於生活中司空見慣的美好事物總是帶著一種新鮮、樸實的感情，一遍又一遍地欣賞，不管這類體驗對其他人來說也許早已變得多麼乏味。早晨起來就讀讀報，開始工作；在院子裡散散步；拜訪朋友們；擺一束花；觀賞日落——這一切都是無窮無盡的快樂之源。我們偶然碰到的每一件事、每一個人，從一定意義上來說都是珍奇獨特的。

自我實現者的品質，都是我們可望可及的，即使是他們「最高的體驗」也不難得到。當我們將所有的懷疑、恐懼和緊張都置於腦後，體會到一種與宇宙融為一體的感覺時，這便是純粹的、積極的快樂時刻。這樣的時刻將會使我們普普通通的日子昇華為一種充滿意義的生活。

◆ 讓生活安靜下來

　　你可以花點時間聽你喜歡的人的交談，用心去聽他說的每一句話，而不去聽電視節目裡對你來說毫無意義的饒舌。

　　下班回到家，不要忙著看電視，如果你是一個人獨處，那種沒有人「作伴」的感覺也許很可怕，但如果你這樣過幾天，經過一個過程，你就有可能使自己適應了。聽聽外面來自大自然的聲音。早晨也不要打開電視機，享受一下安靜和溫馨，聽一聽自己心靈的感受。

　　你還可以就在家裡為自己開辟出一個清靜的地方，安排一個夜晚，獨自一人靜靜地待在家裡；有可能的話，再去為自己安排一個一人獨享的安靜的週末，當然，假如你是獨自生活，安排起來會容易得多。這時，你會發現，當你每天使喧鬧聲消失後，你就會更充分自由地享受悅耳的聲音。在某個晚上放一段美妙的樂曲，可以盡情的欣賞它。

　　你還可以花點時間聽你喜歡的人的交談，用心去聽他說的每一句話，而不去聽電視節目裡對你來說毫無意義的饒舌。如此，你會感到很愜意。

◆ 擁有一份平常心

　　沒有人一生都是鮮花相伴，也沒有人一生的路都是荊棘叢生，所以當厄運降到自己頭上的時候，要調整自己的人生座標，不要怨天尤人。

　　據《國際金融資訊報》2001 年 4 月 3 日報導，韓國一家大企業集團的副主席在集團倒閉後，返回培訓學校，學習如何成為侍者。4 月 1 日，62 歲的徐相洛穿著侍者的服裝，在漢城市中心一家大酒店，學習

傻瓜哲學
人生很難，那是因為你不懂裝傻

如何端不鏽鋼盤子。他在那家酒店參加侍者培訓課程，並對自己能在經濟艱難時找到工作感到慶幸。徐相洛是三美集團前副主席，集團的主要公司三美鋼鐵廠是韓國最大的不鏽鋼廠商。

大公司的副主席做餐廳的侍者，而且還怡然自得。關於老闆經理破產後跳樓自殺的事，我們聽過不少，而像徐相洛這樣的大公司副主席，在企業倒閉後做起快樂侍者還是第一次聽說，令人欽佩！

面對生活的激流，能進則進，能退則退，不要因為自己過去曾居高位而不甘於低就，而要積極地面對自己的現狀，重新做一個自食其力的普通的勞動者。

徐相洛令人欽佩，而最可貴的，在我們看來，是他有一顆平常心，有平常心，就能夠正確地看待自己的過去和現在。沒有人一生都是鮮花相伴，也沒有人一生的路都是荊棘叢生，所以當厄運降到自己頭上的時候，要調整自己的人生座標，不怨天尤人；人不一定只有做大人物才有價值，普通百姓一樣可以閃光。徐相洛能做到進退自如，得益於他有一顆可貴的平常心。

平常心可貴，然而在現實生活中，要保持平常心卻是很難的。有多少人不會因為自己有點地位就覺得自己了不起，面子架子都很大呢？。有多少人不會因為自己稍微有一點點成績就覺得自己高人一等，與一般的凡夫俗子不是一類呢？又有多少人不會因為自己有某方面的特長而覺得自己比別人優越呢？平常心是我們立身處世完善自我的根本。有了它，我們才能正確地對待自己與他人的升遷浮沉，不會因一己之失而傷悲，也不會因為驟然所得而勞神。

其實，人都是父母生土地養，有共同的猴子祖先，並不存在誰比誰高貴。能得到也應該能失去，能上去也應該能下來，這才是正

常的社會。

　　丟掉面子，放下架子，正確地看待自己和別人，還自己一個本真的自我，多一點平常心，則天地會很廣闊。

◆　少些遺憾多些圓滿

　　圓滿指的是，把自己有趣的變得更有趣，而非表示樣樣都行，十項全能。

　　有人說，圓滿不容易做到，的確不假，沒有人天生圓滿無缺的，人都有一些優點和缺點；某些很有趣，某些很無趣。圓滿指的是，把自己有趣的變得更有趣，而非表示樣樣都行，十項全能。你不可能，你的配偶不可能，你的孩子也不可能。

　　這話聽起來多有道理，沒錯，圓滿真難。

　　畢竟我們都只是個凡人，不可能完美無缺。

　　比方說寫作是你的能力之一，你意志堅定，趣味高尚，希望有機會愈寫愈好。化學不是你的能力，趣味不高，缺乏興趣，就留給別人圓夢吧。對寫作，要力求圓滿，至於化學，那就算了吧。

　　圓滿不是一種天賦，而是學習，要努力學習圓滿。

　　讓品味圓滿一些：你我都可以有品味，喝一杯咖啡，泡一壺茉莉花茶，微風斜陽下，啜飲一口，就都是品味。

　　讓興趣圓滿一些：什麼事都可以精益求精的，愈精愈圓滿。找出自己的興趣，堅持自己的意志，你便能樂在其中。

　　讓日子圓滿一些：現在生活差一些，沒關係，明天會更好，天天好一些，日子更圓滿。

多求一些圓滿，多做一些圓滿的事，讓生活少一些遺憾，多一些圓滿和快樂吧！

◆ 當哭則哭

為了快樂和健康，我們應該學會當哭則哭，且不失分寸，不失尺度。

一個人沮喪、懊惱、疲乏等表面的情緒累積久了，往往需要發洩。那麼什麼辦法既快捷又有效，同時還安全不需要任何經濟付出呢？哭是最好的選擇，哭可以減輕情緒上的壓力。

都說「男兒有淚不輕彈」，那是堅強和毅力的象徵。而如今，可愛的男士們，別再把它當成什麼至理名言了，其實哭並不是錯誤，就像歌中所唱：「男人哭吧，哭吧，不是罪」。

一位年輕母親常因一些家庭瑣事而感到傷心、玉鬱悶。為了使心情緩解，她便常聽聽音樂，哭上一場。她說：「過半個鐘頭，我就又有辦法應付一切了。」

你可能說這是好哭、脆弱、自怨自艾。我倒認為，這是減輕心理壓力的最沒有傷害而又有效的方法，以此來發洩可能有傷身體的情緒。

哭不但可以減輕情緒上的壓力，也可以減輕身體上的壓力。

一個人極為悲傷卻不能一哭，予以發洩，那麼有些疾病就會「隨悲而來」。醫學專家分析，像神經性氣喘這樣的病，就與「堅忍不哭」有密切的關係。氣喘病發作時常有喘息的啜泣，很像欲哭無淚。同樣，偏頭痛及許多普通無名疾病似乎都與過度壓抑有關。

哭泣是很自然的事，不要給它太多的禁忌，不要加以限制。其實，

第六章　感官定律

當哭則哭

開始哭泣是最能表達情感的一種方式了。哭不是懦弱更不是錯誤，沒有理由去掩飾去克制。

　　文明社會中，人一定要在許多場合上保持矜持。應付子女、鄰居、同事，要能鎮靜而有主張，危險當前而方寸不亂。但是長年累月矜持不懈，並無必要。為了快樂和健康，我們應該學會當哭則哭，且不失分寸，不失尺度。

傻瓜哲學

人生很難，那是因為你不懂裝傻

第七章　減壓定律

　　每天，全世界都有饑餓、犯罪、不幸、墮落。如果我們選擇關注所有這一切，那麼這只會把我們拖入更徹底的絕望之中，何苦呢？愛惜自己，關注自己吧！

◆ 「速」裝打扮

把那些多餘的裝飾物從你身上去掉，步伐輕快穿過街道，你一定會覺得更加自信和快樂。

女性非常關注美麗，然而化妝對女性來說有時很煩，但又必不可缺，怎麼辦呢？這裡提供一些建議，它們可以幫助你輕鬆地完成妝扮。

快樂迅速「理髮」。

適合的髮型對女人非常重要，因為它很大程度上決定了人的整體形象。有時候頭髮要整理成型是很麻煩的。其實，對於每個女人，都至少有一種髮式適合她，不必太用心打理。找到這種基本髮型，如果你沒有特別的想法，可以向美容師諮詢。這樣，你只要花五六分鐘整理頭髮就可以出門了。

減少裝飾物。

頭巾、髮夾、耳環、胸針、腰帶、皮包、手鏈，這麼多配件要搭配得當，可不那麼容易。不僅要注意顏色的匹配，還得留心樣式風格的配合。

其實，樸素得體的妝扮最能吸引他人的注意。很多女性穿著 T 恤、牛仔褲，背一個帆布小包，或者是一套連衣裙配一個同色髮夾，清新自然，走在街上讓人眼前一亮。把那些多餘的飾物從你身上去掉，步伐輕快地穿過街道，你一定會覺得更加自信和快樂。

去掉指甲油。

這些化學劑品都含有毒素，會產生有害氣體，不但損害皮膚，還會污染環境，很多長期塗指甲油的女性指甲受到腐蝕，手部皮膚也

變得老化、粗糙，事實上指甲潔白健康，雙手細膩有光滑才真正是美的體現。

不穿高跟鞋。

高跟鞋雖然能彌補身高缺陷，使女性走路姿態顯得更優雅，同時也會影響女性健康。高跟鞋對雙腳是很大的傷害，由於設計不合理，會引起膿腫炎症，造成腳變形。長期穿著，還會病及腿和背部。把目光轉向平底鞋，它們不但穿著舒適，還能讓人顯得青春富有朝氣。

十分鐘妝扮搞定。

首先，從整理髮型開始。對大部分的女人來說，妝扮時最浪費時間的，就是整理髮型。我們一直被洗髮煩惱：光是用洗髮精洗頭是不夠的。除了一般洗髮精外，還要有特別配方的、含護髮的、多泡沫的，洗完後還要吹乾、拉直、整理或是卷髮，而且，在出門前還要噴一噴定型液才行。

每個女人至少有一種基本髮型，這種基本髮型不必花費很大的功夫，而且可以讓自己看起來非常迷人；再者，也可以和自己的臉型搭配得很好。

◆　邂逅經典

別把讀書變成一種痛苦的交代，放輕鬆吧，讀書其實很有趣的，能讀多少便讀多少，想讀多久便讀多久。別勉強。

書真的太多了，所以必須精挑細選！讀書真的樂趣無窮，書是智慧的寫真，它把作者的經驗與閱歷，在小小的一本書裡羅列，而我們常常是最佳受益者。但是，並非所有書都有這種能耐──經典才有。

要追求那種書海尋寶的滿足感，突然發現，花錢買它回家，再泡一壺花草茶，微風細雨中展卷閱讀，你會感到很愜意。

怎樣邂逅經典？

要常逛書店：如果你覺得自己錢不夠多，百貨公司就少逛一點，精品店少去，風月場所別去，書店值得走走。也可以去一些特別的小店，依個人興趣，挑選喜愛的書籍。

要持久閱讀：比方說，去年讀生活學，今年讀人類學，明年閱讀佛學等等，讀完這一門學問裡最值得一讀的十本或十幾本經典。

要輕鬆閱讀：別把讀書變成一種痛苦的交代，用它來變換學問或者名位什麼的。放輕鬆吧，讀書其實很有趣的，能讀多少就讀多少，想讀多久就讀多久。別勉強。

◆ 扔掉手機

暫且不說手機本身的安全性，就是那些一手忙著撥電話號碼，一手又駕駛汽車在擁擠的車流中穿梭的危險顯而易見。

價格大幅下調的手機，買了之後倒成了一種負擔，給人帶來無窮無止的煩惱。

首先是一些安全上的因素，至今手機輻射對人腦和對他人的傷害尚無定論，但當空中交織著各種信號會引起混亂是一定的。

其次，由於科技的不完美，導致我們在使用它時，聲音忽大忽小，當我們離開有效信號區域時，還會發生突然斷話的現象。這是便利的東西嗎？

第三，暫且不說安全性，但是，那些一手忙著撥電話號碼，一手

又駕駛汽車在擁擠的車流中穿梭的危險更是顯而易見的。

有鑑於此，你放棄置之，又何樂而不為呢？

◆　以自己的方式過節日

要從容不迫地按照自己的想法安排時間，這樣，那些充滿溫馨的日子將會悄悄留在你的心裡，照耀你以後的生活。

商業對我們生活的滲透越來越深入，連節日也不放過，許多人在節日時都只忙著購物了，在五光十色的商店裡進進出出，花掉了許多錢。不是帶家人去大吃大喝就是參加公司空洞乏味的聚會。暴飲暴食，應酬交際，這些讓生活變得匆忙混亂，毫無樂趣可言。節日沒有給人帶來輕鬆美妙的享受，反而成了一種沉重的負擔，要學會以自己的方式歡度節日，不要被老一套綁住手腳。

要從容不迫地按照你自己的想法安排時間。事實上，一個疲憊的節日很快會從你的記憶中消失，留不下一絲痕跡，而那些寧靜安詳，充滿溫馨的日子會悄悄留在你的心裡，照耀你以後的生活。

◆　告別無聊團體

我們對自己要有清醒的認識，自己在什麼方面能繼續發展，在什麼方面即使努力也會徒勞無功。

在你上大學時，身邊就會不斷有人勸你加入各種各樣的團體，而最初的新鮮感很快就會被參加定期沉悶聚會時的沮喪所代替。你以為能藉此做一些有意義的事情，結交一些活潑有趣的朋友，但到頭來卻什麼都沒做。不僅浪費了錢財和時間，還會有一大堆會員的義務和責

任套在你頭上，讓你喘不過氣來。

建議你拿出所有的會員卡，把不合標準的會員卡統統退回。這樣，你再也犯不著為那些無聊的團體而浪費時間和精力了。

在小時候，大人們總是告訴我們要勤勞、勇敢。只要付出努力，總會取得成功，而事實上，由於我們自身條件的限制，比如外形、能力，有的目標是不可能實現的。現在的很多人都抱著不切實際的目標而努力工作，以至於因為每天都承受著巨大的壓力而非常地痛苦。因此，他們比其他人更早地衰老。

要想生活的快樂，就必須改變某些錯誤的觀念。我們對自己要有清醒的認識，自己在什麼方面能繼續發展，在什麼方面即使努力也會徒勞無功。與其費盡心思去做那些注定了是白做的事，還不如把精力、時間放在那些能取得成功的事情上去。

◆　創造獨處空間

什麼也不幹，讓自己閒一下，你的生活將得到很大改善，把你從混亂無章的感覺中解救出來，讓頭腦得到徹底淨化。

現代都市生活中，獨處有助於減輕快節奏生活造成的壓力，帶給你安詳平和的心境。如果你發現自己總是被家人、朋友圍繞著，得不到一絲喘息的機會，那你真該好好計畫一下，找一天靜靜，讓那段時間全屬於自己。

什麼事也不做，可以從每天抽出 1 小時開始。一個人靜靜地待著，什麼也不做，當然前提是，你要找一個清淨的地方。也許剛開始的時候，你會覺得心慌意亂，因為還有那麼多事情等著你去幹，你會想如

第七章　減壓定律
創造獨處空間

果是工作的話，早就把明天的計畫擬訂好了，這樣乾坐著，分明就是在浪費時間。可是，如果你把這些念頭從大腦中趕走，堅持下去，漸漸你就會發現整個人都輕鬆多了，這一個小時的清閒會讓你感覺很舒服，你可以很從容地去處理各種事務，不再有逼迫感。你可以逐漸延長空閒的時間，四小時、半天甚至一天。

什麼也不幹，讓自己閒一下，一旦養成習慣，你的生活將得到很大改善，把你從混亂無章的感覺中解救出來，讓頭腦得到徹底淨化。能夠精神抖擻的面對生活，你會發現它不是負擔而是享受。

但凡有點生活經驗的人都知道，與伴侶在一起的時間越長，雖然彼此之間的默契會越來越強，但是，日子也會越來越平淡，會失去一些趣味。這個時候你就需要做出一些與平時不太一樣的事情來改換一下心情，為你們的愛情增添一些色彩。和你的伴侶來一次「外遇」。假裝是真的那樣！你們可以約定在某個祕密的地方見面，除了她或者他，不要告訴任何人；你還可以在打電話邀請她（他）的時候，用一個假名。作一些祕密的事情，比如在一家酒店吃飯。做你丈夫的情婦，或者，做你妻子羅曼蒂克的愛人。你會發現這樣的安排能讓你和愛人之間的關係有一些很好的改變，時刻記得給你所愛的人一點新鮮感，這樣愛情才會像鮮花一樣總是燦爛地開放。

遠離人群，能讓我們重新認識到自我的存在，回歸原點。當然，對於有工作又有家庭的人來說，尋找獨處的機會很不容易。你可以和家人、朋友進行交流，向他們說明情況，徵求他們的意見。那些關愛你的人，一定會支持和理解你。從沉重的生活壓力中解脫出來，你能心境平和地處理工作、對待家人、朋友，這將增進你們之間的感情。

◆ 回歸本真生活

找一處人間妙境駐足靜歇，觀賞一下因忙而失落的生活趣味。這一轉念，就會把人生由慌慌張張變得悠悠揚揚。

史蒂文生說：「旅程中的期待，比到達終點更加吸引人。」

找一處人間妙境駐足靜歇，觀賞一下因忙而失落的生活趣味。這一轉念，就會把人生由慌慌張張變得悠悠揚揚。

這叫「迴轉」，轉個彎，人生便更好。人看事情本來就有兩個面，負面看人生，事事都糟糕——忙、煩、急、等一下、沒時間……正面看人生，處處有生機——枯木逢春、百花盛開、明天會更好。

怎樣迴轉呢？

改變生活動線：出門上班、進門回家的生活方式了無新意，像一部程式設定好的電腦，執行主人的命令，這種生活真可悲。每天，或者至少每個星期，有些不同的生活形式，比方說騎自行車逛逛，到書店走走，不讓生活一成不變。

小徑幽幽：你家附近，還有什麼小徑尚未走過，在一個假日午後，帶著兒女或獨自探幽訪勝，你會有意外收穫的。

停下來：人太過急躁了，常常「我來了，我走了」，沒有過程只有結果，這太對不起自己。人至少要給人生一點驚奇，驚奇處便在停頓時，只有停下腳步的人，才能窺見生命之美。

◆ 把持「無為」態度

一生要做許多事，一天也要做許多事。做一點有價值有意義的事情並不難，難的是不做那些不該做的事。

第七章　減壓定律
把持「無為」態度

對待生活，要有一種「無為」的態度。無為不是什麼事情也不做，而是不做那些無效的、無益的、無意義的，乃至無趣無味無聊，而且有害有傷有損有愧的事。

就如同對待夢境一樣，大凡一個美夢，醒後總讓人細細地咀嚼、執著地回味。於是總憶及夢中的歡樂、夢中的情緣，但最終覺得朦朧一片，意象時有時無。越朦朧越揪心地想，想再次走進那塊天地，直想得頭昏腦脹。明智者於是淡然一笑置之腦後，因為夢境畢竟虛無渺茫，而有的人有了一次美麗的感覺，便以為是追求的一切。於是，夢，夢，夢終究做成了夢，不過，大都是一個可怕的夢魘。

世間萬物，得不到時應坦蕩一些，瀟灑地放棄，若不然，徒增一些累贅和痛苦。

王蒙說，一生要做許多事，一天也要做許多事。做一點有價值有意義的事情並不難，難的是不做那些不該做的事。做出點成績並不難，難的是決不嫉妒旁人的成績。

無謂的爭執，庸人自擾的得失，漫無邊際的自吹自擂，做作的裝腔作勢等等，還有許多許多的根本實現不了的一廂情願，及為這種一廂情願而付出的巨大精力和活動。無為，就是不做這樣的事。

無為是效率原則、事務原則、節約原則，無為是有為的第一前提條件，無為又是養生原則、快樂原則，只有無謂才能不自尋煩惱。無為更是道德原則，道德的要義在於有所不為而不是無所不為，這樣，才能使自己脫離開低級趣味，脫離開雞毛蒜皮，尤其是脫離開蠅營狗苟。

無為是一種境界；無為是一種自衛自尊；無為是一種信心，對自己，對別人，對事業，對歷史；無為是一種哲人的喜悅；無為是一種豁達

的耐性；無為是一種聰明；無為是一種精明而沉穩的幽默；無為也是一種風格。

◆ 偶爾停下腳步

偶爾停下來，我們才會領悟到人間種種真情，生命種種滋味，才能使自己變得寵辱不驚。

常常是這樣，朋友見了面，都是忙，太忙了。即使是距離很近的親友，似乎也忙得見面的機會都難以找到。至於週末家庭小聚會或約友人出去玩就更加不可能了。大家都在忙，忙什麼呢？有好多人面對這個問題的時候，自己也不能回答，自己也不知自己在忙些什麼，焦頭爛額又一塌糊塗。

那麼有沒有想過讓忙碌的生活偶爾停下來呢？

下第一場雪的時候，你是否想過，放下手中的工作，帶著孩子到空曠的野地裡去看雪。看著孩子在雪地裡打雪仗、堆雪人的快樂情景，你一定會感到無比的欣慰。你會發現，把工作停下來了，不僅沒有損失什麼，反而收穫了很多。

寒窗苦讀離開了故土，在另一個地方成就了輝煌的事業。然而此時故鄉蒼老的父母、和善的鄉親、童年的好友卻因那無休止的談判、出差忘在了腦後。

但是，假如能夠偶爾停下來，抽出哪怕是一兩天時間，到故鄉去。你也許會從內心深處後悔來得太少，因為你發現這裡在是你靈魂的棲息地，除了感受到溫暖、親切、關懷、牽掛之外，在那座有所成就的城市裡你所面臨的所有問題在這裡都煙消雲散。

　　不要讓自己像一個上了發條的鬧鐘，每天滴滴答答地跑個不停，你不覺得那樣情緒會很緊張嗎？偶爾停下來，我們才會領悟到人間種種真情，生命種種滋味，才能使自己變得寵辱不驚。偶爾停下來，我們才會驀然頓悟，人生原來如此。

◆　把快樂當成一種責任

　　快樂傻瓜認為：如果將快樂與責任放在一起，便成了：快樂是一種責任。

　　高爾基說：「當生活是一種快樂，生命就是喜悅；當生活成了責任，生命就是奴隸。」

　　但是快樂傻瓜認為，如果將快樂與責任放在一起，便成了：快樂是一種責任。

　　工作是義務，但快樂是責任，你認可嗎？

　　快樂怎麼來？

　　笑對每天：無論如何的美言人生，我們都必須相信，生命的歷程，苦樂參半，或者苦多於樂，所以想尋找笑點，至少每天多給自己一次笑的機會，看笑話、聽笑話、講笑話。把快樂當成一種責任，它會翩然而至。

　　留一點空隙：讓人生可以喘一口氣，空，有時候並不是無，而是等待裝載滿滿的準備。

　　親近大地：人有一些本能，喜歡綠地，熱愛草原，迷戀大海等等，空曠使人心情變好。快樂的人把親近大地當作責任，驅趕煩惱。

◆ 付諸行動，日行一善

隨手把地上的垃圾撿起來，垃圾撿得飽滿，心情也飽滿，你會覺得自己活得有價值。

隨手把地上紙屑撿起來，就是善行。逐漸改掉光說不練的陋習，少說多做。比如：親手環保：節日登山的時候，養成隨手塞兩個紙袋在背包裡的習慣，沿路彎腰撿拾，把垃圾帶下山。垃圾撿得飽滿，心情也飽滿，你會覺得自己活得有價值。

善行有時會有所共鳴的。你也可以這樣做，隨身帶兩個紙袋，利用休閒的時候，邊玩邊淨溪、淨小路、淨湖，然後淨心。

美言一句。每個人都愛聽好話，所以學習愛講好話，現在就講：你好美；你是我最棒的兒子；哪有這麼好的女兒，你是天才老公。

跟自己妻子說：「我覺得自己真有智慧！」

美言一句，讓別人樂在其中，何樂而不為。

◆ 另行處理家務

時代已經在改變，誰會在意床鋪有沒有經過佈置或整理？誰會去看你家的床鋪？

居室亂一點無所謂

生活是不能盡善盡美的，那麼就要容許家裡總是有點亂糟糟的樣子。可以在牆上裝飾一些藝術品，或是掛上幾張照片，並在桌子上擺上鮮花。重要的是要懂得適可而止、恰到好處，裝飾物少一點，會使它們顯得更突出，效果更好。如果你的床讓你起床時感到滿意，那麼它也必然可以讓你滿意地再睡上去。時代已經在改變，誰會在意床鋪

有沒有經過佈置或整理？誰會去看你家的床鋪？

歸置同類物品

你可以遵循一個簡單有效的原則來收拾物品——把同類東西放在一起。

在櫥櫃裡，帽子和帽子在一起，鞋和鞋放在一起。記住，把衣櫥裡或抽屜裡的東西拿出來，放在地板上或桌子上，然後歸類。襯衫和針織衫分開放，但是，東西要少一些。按這種方法把衣櫥整理好後，穿衣用的時間就會少得多，因為有什麼衣服，你心裡很清楚。

只有把同類物品放在一起，才能好找你需要的東西。在廚房裡，不僅用具要分類，食品也分類。所以餐具、穀類食品、番茄汁等都要分別放在一起。這樣，在準備去商店購物之前，只要看一眼，就知道該買什麼了。清點一下廚房裡的碟子、小匙。把多餘的放在別的地方，這樣，常用的廚房櫥櫃就不會塞滿多餘的東西了。留下少數幾個碟子、杯子，把它們放在方便容易取的地方，同時還要方便刷洗。還應把最常用的東西放在容易拿得到的地方。總之，東西放得井然有序，就不會花費多少時間費心尋找你所需要的東西了，生活也就變得輕鬆了。

充分利用地下室

有地下室的朋友注意了，地下室可以保存所有的禮品，把它們都放在架子上的一個盒子裡。把所有其他季節性的裝飾品放在一起，把節日餐桌上的裝飾品放在一個袋子裡，對其他節日用品也做同樣地處理。

地下室還是保存舊收據的好地方。把它們放在帶蓋的、統一規格的置物箱裡，箱子上要貼上標籤，注明年份。在去商店購買置物箱之

前，先到附近印刷店看看，它們幾乎每天都要進大量的盒裝紙，而且
非常願意為裝紙的箱子找買主。這些箱子可以用來裝那些需要縫補的、
修理的和其他你所想到的東西，可以用作你的旅行用品箱、體育用品
箱、節日用品箱以及野營用品箱。它們都是帶蓋的統一規格的箱子，
絕對是可自由使用的。

簡化廚房

掌握好調味料是簡化廚房的另一重要前提。簡單食物根本用不著
太多精製的料，花一刻鐘檢查一下你調味料的櫃子，那裡面肯定還存
有你一直沒有使用過的調味料和香料。洗淨那些長時間沒用的香料後，
採用兩種方式對它們進行分佈排列。按字母順序或按食物類別。好好
想一想，你真正需要多少炊具，並計算一下清洗、放置這些廚具所需
的時間。不要輕信廣告宣傳，認為只要買了一個自動炒鍋，你就活得
很舒服。與其聽電視廚師告訴你某種廚具如何簡化某種美食程式，倒
不如想想自己怎麼動手做。如果一年內只做兩次那種美食，幹嘛不考
慮利用現有廚具呢？你不但可以省下一筆錢，而且，你還可少洗一件，
少存一件東西。

縮減清洗衣件

現在生活中有了全自動的洗衣機和烘乾機，可以減少人們花在洗
衣和烘衣的時間，但是，有些人還花更多的時間。為什麼？因為我們
的工作量增加了。在過去穿了一件乾淨的襯衫之後，必然會很小心地
穿到這個禮拜結束，然後等到要洗衣服時，才把這件襯衫丟進洗衣籃
裡。現在的我們，常常不假思索地一天就穿兩、三件襯衫，一件是運
動用的，一件是工作用的，一件是隨意穿的。只要我們一脫下來，就

直接丟到洗衣籃裡。因為我們覺得，那只是機器多了一些負擔罷了。

　　如果你是請小時工洗衣，必然要花掉更多的水、清潔劑，瓦斯、電和一些費用，還不包括監督對方的成本。如果你是自己做這些事，你每個禮拜必然要花掉更多的時間在洗衣房裡。其實，你可以兩個禮拜洗一次衣服。特別是當你清理完衣櫥後，更有效果。還有，大部分深色衣服也不需要經常清洗。儘量讓你的衣服穿得久一點，同時也教你的孩子這麼做。分配給每個人一條毛巾和浴巾，一個禮拜換洗一次。兩個禮拜或是更久的時間，才換一次床單，是有可能的。你可以試著做看看，然後自己去判定可不可行。

　　我們應該感到高興，生活在現在的我們，都不需要再成為八十年代中的成功穿著典範的奴隸。從現在開始，除非有什麼大革命，現代的穿著標準是舒服和便利，也就是說，大部分的衣服，都是由可以水洗後就直接穿的棉織品和天然纖維所製造而成的。把一堆衣服送給乾洗店，要比送等量的衣服到洗衣店來得簡單，對某些人來講，這是事實。這取決於個人生活方式的選擇。現在，在已經減少了衣櫥的空間後，可以儘量避免乾洗。用洗衣機和烘乾機來處理一大堆衣服，然後把這些衣服掛起來，隨時可以穿上。而且這樣做，可以減少使用有害環境的乾洗溶劑，雖然只是少量，你也算是為環保盡了一份薄力，心中也會得到很大的滿足感。

◆　訓練短毛寵物

　　除非你也喜歡替寵物梳洗，否則你就選擇短毛的寵物吧，這樣不僅會給你減少許多麻煩，還會帶給你很大的樂趣。

163

現在養寵物的很多，不知您在不在其中，如果您也是一員，那麼你可以試著讓自己輕鬆一點：

除非你也喜歡替寵物梳洗，否則你就選擇短毛的寵物吧！即使你飼養了短毛的寵物，你每天也要花幾分鐘的時間，來幫你的狗或貓咪刷毛。不過，至少短毛的寵物，可以減少它掉到地毯上或者是掉到硬木地板上的毛球或是毛髮量。

讓你的寵物都留在室內，這種做法對養小型寵物來說，是較容易的。留在室內的寵物，通常不會有和其它動物打架的機會，而且，被車子撞的機會也少多了。另外，室內的寵物少了跳蚤的麻煩。不論你是養一隻小狗還是老狗，所有的狗都可以被訓練得聽口令行事，像是「坐、來、站住、跟隨、安靜」等命令。

一般來說，小狗在三個月大的時候，就可以開始一些基本的訓練了。一隻訓練有素的狗，不僅會給你減少許多麻煩，還會帶給你很大的樂趣。

◆ 快樂生活祕訣 11 條

把每天的時間用在尋找愛和給予愛上吧，像快樂傻瓜一樣，用一顆充滿感激的心來迎接每一天。

1. 自我調節。當你的身心不堪重負時，悲傷、焦慮、恐懼便會隨之而來。調節，就是把你從嘈雜的思維中解放出來，幫助你消除那些憂慮。找一個安靜的角落，擺一個舒服的坐姿或臥姿，把思想集中於你的呼吸，一旦私心雜念闖進來，儘量讓它們飄走，重新回到呼吸上來。要每天堅持做幾分鐘。

2. 正確呼吸。人的呼吸都既少且淺。更深、更慢、更有規律的
   吸氣和呼氣，能幫助你控制恐慌感，改善情緒和記憶力，使
   你不再緊張。

3. 擺脫劣質「新聞」。時下某些報紙的內容，常常涉及謀殺、
   搶劫等，能增添你的憂慮和憤怒。打破每天讀小報的習慣，
   選擇需要瞭解的事。

4. 順其自然。總是把你的意識強加給孩子，是導致你不快樂的
   重要原因。你的職責是保護和教導他們，除此之外，給孩子
   更多的自由空間吧！

5. 大膽想像和行動。你想更愛你的丈夫嗎？就這樣認為吧！也
   這樣去做吧！改變你的想法和做法，真的會改變你的感覺。

6. 沉默是金。如果你不能很好地表達自己的想法，那麼最好什
   麼也別說。諷刺、挖苦和指責對方不僅對你攻擊的人毫無益
   處，而且也會破壞你內心的平靜。

7. 原諒別人。俗話說，君子不記舊仇。如果你能把握住複雜的
   感情，你會得到內心的平靜。重複說：「我原諒你。」被原
   諒時不必出現，甚至不必讓對方知道你的原諒，原諒是你送
   給自己的禮物。是為了得到心靈的安寧。

8. 欣賞藝術品。參觀博物館、畫廊，陶冶情操，淨化心靈。

9. 找樂看喜劇、講笑話、逗孩子笑。

10. 親近自然。心情不好的時候，去買束鮮花或盆栽植物，或者
    到公園去轉轉，呼吸一下大自然的氣息。

11. 快樂進食。有些人總是狼吞虎嚥或者飲酒作樂，以彌補內心
    的空虛或麻痺感情的創傷。這毫無用處。更慢、更紳士地吃

東西，你會把飲食變成是一種享受。

最後，請把每天的時間用在尋找愛和給予愛上吧！

像快樂傻瓜一樣，用一顆充滿感激的心來迎接每一天。

第八章　方圓定律

章首導言：

　　一個人的成功，15% 基於他的專業技能，85% 則取決於他的人際
關係。人際關係就像播種一樣，播種越早，收穫越早；撒下的種子越多，
收穫的也就越多。

◆ 用心「播種」

播的種子越多，發的芽也就越多，經過一段時間後，必定成為大片樹林，那時收穫的果實將令你欣慰。

人際關係就像播種一樣，播種越早，收穫越早；撒下的種子越多，收穫的也就越多。

在社會生活中，人際關係是你與社會交往的一種紐帶。可是人際關係卻不是一日之間就可以建立起來的，而需要你去長期經營。之所以會如此，是因為好的人際關係需要時間來瞭解。日久才能見人心。兩三天就「一拍即合」的人際關係往往是利益上的關係，基礎很脆弱，這並不是好的人際關係，這種人際關係帶給你的有時候甚至是一種毀滅！

所以，要建立一種經得起考驗的人際關係，而不是速成的人際關係。我們都知道，要長成一棵果樹，必須先有種子，「播種」是「長出一棵果樹」的必要條件。雖然有些種子會腐爛，不發芽，但不播種，就決不會有果樹長出來！人際關係也是如此，你的用心是人際關係的必要條件，雖然不一定會有好的回應，但沒有用心，就不能建立人際關係。雖然也有人主動和你建立關係，但也要你做出回應，這樣關係才能持續下去！

人際關係就像種子，有些種子會在節氣到時發芽，但有些卻不，像有些乾燥的地方，種子可以在裡面深埋十數年，但雨水一來，就迅速發芽。至於什麼時候能得到「回贈」，你不必花心思去期待，反正你已種下了一粒種子，「機緣」一到，它自然會發出芽來！種子發芽後，你得小心勤快地灌溉、除草、施肥，它才會長成大樹，開花結果。

不可「揠苗助長」，急於收穫果實，這樣只會破壞種子成長。播的種子越多，發的芽也就越多，經過一段時間後，必定大片成林，那時收穫的果實將令你欣慰。人際關係也是如此，年輕時用心的多，交的朋友當然多，即使有一些「不發芽」的，但長時間累計下來，你的朋友還是很多，那時這種人際關係就是你的果樹林，而你必能享受到這些甜美的果實！

◆　結下好人緣

尊重就是信賴的開始，你贏得尊重，就贏得了信賴！這正是你在社會上行走的最重要的資產！

好的人際關係要有個好人緣。如果我們想結交朋友，就要先為別人做些事情，只有你真正關心他人，才能贏得他人的注意、幫忙和合作。有些人能力很強，水準也很高，可就是不討人喜歡。相反，有的人雖然水準一般，但人緣很好，給人的感覺也不錯，當他遇到什麼問題時，大家都爭相幫助。可見，做人做事，一定要有個好人緣，而好人緣的獲得必須至少要做到以下幾點：

第一、真誠地關心他人。

如果你想改善自己的人際關係，如果你想讓他人喜歡自己，如果你想獲得他人的關心與幫助，那你得做到一點：首先去關心他人。

第二、不時地微笑。

微笑就是一種萬能劑。笑，可以讓自己的煩惱煙消雲散；笑，可以消除你全身的困乏；笑，可以消除雙方的對立關係；笑，可以傳遞出一種令人會意的情感；笑，也可以給他人留下一種良好的第一印象。

既然如此，你何不開懷一笑呢！

第三、記住對方名字。

我們在與對方談話時，千萬別忘記對方的姓名，有些人很少提到對方的名字；更有甚者，他們總是忘記對方的名字。一個連他人名字都忘的人，當然不會引起對方的興趣與好感，這樣便直接影響你進一步與人交往。姓名，不僅是一個人的符號，更是語言中最甜蜜最重要的聲音。

第四、學會傾聽。

有些人不喜歡聽人講話，他們要嘛滔滔不絕地跟人說個不停，不顧他人如何反應；要嘛當人講話時，注意力不大集中，總是心不在焉。這種不良的行為習慣確實有礙於人際關係的處理效果。要使人喜歡你，那就做一個善於傾聽的人，以增強別人對你的好感。

另外也要讓他人感到自己重要，時時讓別人感到自己重要，大概不會惹來什麼麻煩，並且可以得到許多友誼和快樂。

威廉·詹姆士說過：「人類本質最深遠的驅動力是——希望具有重要性。人類本質中最殷切的需求是——渴望得到他人的肯定。」也正是這種需求使人類有別於其他動物；也正是這種需求，產生了豐富的人類文化。根據馬斯洛的需要層次圖，人人都要被尊重的需求。因此要尊重對方，滿足對方「被尊重」的需要，同時讓別人不敢對你隨便，哪怕你只是個小人物，對方也會反過來尊重你，因為他們實在找不到輕侮你的理由！尊重就是信賴的開始，你贏得尊重，就贏得了信賴！這正是你在社會上行走的最重要的資產！

◆ 多交朋友多找條路

　　當你有新的朋友，你會發現自己的生活圈子也隨著交友圈的擴大而延伸，你也能更好地領悟生活的意義、友情的價值。

　　經營人際關係也要講求一定的戰術，有些時候要主動出擊，不要等候別人上門。俗話說：「在家靠父母，出外靠朋友。」一個人在社會上行走，如果連一個朋友都沒有，絕對不可能成大事。雖然朋友多並不一定成大事，但朋友多卻是成大事的條件之一，還是那句俗話，多個朋友多條路。所以在社會上行走，要盡可能多交朋友。但朋友也有好壞之分，有時可能會交上「壞朋友」，但如果是因為害怕會交到壞朋友而不敢交朋友，那就失去了交好朋友的機會。事實上，朋友的好壞有時很難說，絕對好或絕對壞的朋友並不多，一個人總有好的一面也有壞的一面，那要看你怎麼和他們相處。事實證明，多交朋友絕對是好處大於壞處的。一般人交朋友主要是透過工作關係，以及朋友的介紹，或者參加各種團體、俱樂部、協會等。網路時代的今天，有些人還有網友等。

　　要擴大交友的圈子，最有效的方法就是多參加一些社會活動，多參加一些社會團體。如：同事的生日、朋友聚會、週末晚會、慶賀同事升遷等。在這些活動中，你一定可以認識很多的人，如果你有心和人交往，這絕對是個好機會。另外，一些社會團體，如球迷協會、健身俱樂部、美容俱樂部、讀書俱樂部等等，你都可以參加，並從中認識更多的新朋友。你也可以自己組織一次社交活動，甚至組織一個團體，以此結識很多朋友。

　　當你有新的朋友，你會發現自己的生活圈子也隨著交友圈的擴大

而延伸，你也能更好地領悟生活的意義、友情的價值。

◆ 全心全意聆聽

全心全意聆聽別人講話，是對別人最起碼的尊重，能耐心地聽別人說話的人，也往往是個受歡迎的人。

全心全意聆聽，出發點是為了瞭解而非為了反應，即可透過言談設身處地地瞭解一個人的觀念、感受與內在世界，這裡所謂的設身處地和同情有些差別，同情參雜了價值的判斷與認同；而設身處地是瞭解對方的觀點和看法。也就是聆聽者不只是對談話者的話語作出反應，而且由於仔細聆聽，不斷感覺談話者透露的資訊的含義，並適時地做出回饋。這種聆聽方式與被動地做出反應不同，而是更加積極主動地參與到談話者的思路中來。

我們都能渴望有人聽自己說話。在大多數的情形下，人與人不能溝通是因為只有人說話而沒有人聽，一個挽回家庭關係成績優良的調解人說：「我讓一家人言歸於好，真的不費什麼力，我只是讓每個人都有發言的機會，別的人都在聽——但不能插嘴，往往這是全家人多年來初次細心聆聽彼此說話。」可見，聆聽是表示關懷的一種方式，一種無私的舉動，可以讓我們離開孤獨，體味身邊之人的彼此關愛。

因此，要想成為一個受歡迎的人，我們一定要學會全心全意聆聽，這樣不僅可以糾正邊偏見，也可以取長補短。

在這個世界上，有許多人都具備優秀的思想，他們都想練就優秀的口才將自己所思、所想準確地表達出來。而透過全心全意的聆聽，你就會受益匪淺。閉上嘴巴，去聽別人講，我們能從他們身上學到很

多有價值的東西。

　　善於全心全意的聆聽，是談話成功的一個要訣，據美國俄亥俄州立大學的研究，在成年人用於交流思想的時間裡，高達 45% 的時間用於聽。可見，聽對思想交流是多麼重要。但光聽別人說還是遠遠不夠的，應該思考你聽到的東西，也就是積極地去聽，這樣你一下子就能得到兩樣好處——吸取別人的新思想和新資訊，同時理所當然地獲得對方的好感。

◆　有的放矢說話

　　以對方喜歡的方式進行交流，會讓對方有一種被人接受、被人承認的感覺。找到對方感興趣的話題，會使對方感到親切，並願意與你談下去。

　　多數情況下沒有人提醒我們說話時欠考慮或沒有考慮，但只要注意一下自己講的話和對方的反應就可以發現我們的不足。

　　有時我們會發現別人對我們所說的話並不感興趣，這並不是因為我們所說的話題沒有意義，而是因為沒有做到有的放矢。俗話說，見什麼人說什麼話。也就是說見了沒文化的人，就要用一些通俗的、容易讓人明白的語句表達；見了知識份子，就得用比較有文采的語言來表達，甚至可以用一些成語、典故等；見了政府官員就得用一些準確的官方語言來表達……這是「見什麼人說什麼話」的一個意思。另一方面，在說話的內容上要隨著交流的物件的不同而有所變動。比如跟農民要說糧食、土地、收成，跟工人得多講鋼鐵、布匹、效益、獎金，跟知識份子得談他的事業愛好，等等。

傻瓜哲學
人生很難，那是因為你不懂裝傻

　　見什麼人說什麼話，不是為了討好對方，而是為了能與對方更好地交流。以對方喜歡的方式進行交流，會讓對方有一種被人接受、被人承認的感覺。找到對方感興趣的話題，會使對方感到親切，並願意與你談下去。此外，切記不宜談論自己不是很熟悉的話題。

　　許多人性格比較穩重、內向，好靜，他們在與陌生人交往時往往不願多說，不願先開口。當你與這種人交談時，可以滔滔不絕地談，讓對方聽。但要看對方高興不高興聽，只要高興聽，就講下去。講完之後等一會兒，讓對方來談談，如果他還是不講，你可以問一些問題讓他回答。等雙方熟悉後，他自然就有表達的慾望了。人想說話的願望都是一樣的，只是有些人要對交談者有了瞭解之後才樂意談。所以，一開始你自己講，**邊講邊觀察對方**，看他有插話的慾望時就讓他講，千萬不能不看對方的情緒不停地講。對方一開始插話你就要認真地聽，變化個角色，變成他講你聽。

　　此外，切記不要重複，不管是一遍又一遍地講同一個故事，還是講那些聽起來有趣的細節，很多事情簡單地講述或第一次講都很有趣，但沒有任何事值得重講。有些朋友與別人談話時總是自己一味地誇誇其談，完全不在意另一方的主觀感受，好像只要將自己想講的東西宣洩出來就達到效果了，其實不然，你這樣做，對你個人來說，倒是酣暢淋漓了，。但對對方來說，卻留下了一個不好的印象。因為你所談的都是對方不感興趣或者不能接受的命題。

　　有時候一個人之所以能給對方留下很深的印象，並不完全取決於他談話的多少，而主要取決與於談話的品質，即談話不僅要做到有內容、有深度，同時切記要有的放矢，才能給交談物件留下深刻的印象。

◆ 謹慎對小人

碰到嘴巴甜的人，你必須設立你的警戒線，和他保持距離，你可以冷靜地不予熱烈回應，若對方有不軌之圖，便會自討沒趣，露出原形。

任何事物都有兩面性，有真就有假，同樣，有君子便有小人，對小人要小心應對，否則就有可能吃虧。

小人有多種類型，對於不同類型的小人，要用不同方法應對，例如對嘴巴甜型——這種人開口便是大哥大姐，叫得又自然又親熱，也不管認識你多久；除此之外，還善於恭維你，拍你馬屁，把你「哄」得舒舒服服。這種人因為嘴巴伶俐，容易使人心不設防，如果他對你有不軌之圖，你就會上了他的當。這種人可以輕易對你如此，對別人也當然如此，他並不是對你特別。

所以，碰到嘴巴甜的人，你必須設立你的警戒線，和他保持距離，你可以冷靜地不予熱烈回應，若對方有不軌之圖，便會自討沒趣，露出原形。不過，為了避免「以言廢人」，你不必先入為主地拒他於千里之外。

而對於笑面虎型，你就搞不清楚他 \ 她心裡在想些什麼，也搞不清楚他的好惡及情緒波動，碰上這種人，真讓人無所適從。這種人好像沒有脾氣，你罵他、打他、羞辱他，他都笑咪咪的，再不高興也放在心裡，讓你看不出來。這種人也不見得是壞人，因為他的個性就是如此，成天笑咪咪的。因此，如果他對你有不軌之圖，你是無從防備的。對這種人，你要避免流露出內心的祕密，更不可和他談論私人的事情。只保持禮貌性的交往。

傻瓜哲學
人生很難，那是因為你不懂裝傻

　　還有一種人把自己隱藏起來，不讓你知道他的過去、家庭、同學，也不表露他對某些事情的看法。這種人有的是因環境的影響所造成，也不見得是個「壞人」，但和這種人交往要小心，最好的辦法還是保持距離。這種人有的還打探你的一切，像這樣的人甚至已失去與人相處的誠意，趁早遠離他。

　　有時總會有人說「牆頭草，隨風倒」，其實這也是在說人，這種人的最大特點便是「見利忘義」，哪邊好就往哪邊靠，所以他的為人處世會以「利」作為中心，也會為「利」而背叛良心，今天和你好，明天可能會害你！所以和這種人打哈哈就可以了，不必有利益、人情上的來往，甚至寧可故意向他顯出你「無利可圖」的一面，以免他沒事就來找你，這可不是好事！至於如何分辨「牆頭草」，只能從平常行為中觀察，並無什麼定法！

　　現實生活中，還有很多人，雖不是地道的小人，但對這些人，一定要有所保留。而其中有一種人好「吹牛」，往往誇大自己的能力，靠吹噓來壯聲勢，真有能力的人反而不吹噓了，因為他有自信，也不怕別人不相信。所以對「吹牛」人說的話要打折聽。

　　還有一種人喜歡開支票，任何事情他都可以答應，不只是如此，他還可以主動承諾為你做任何事，可是每一張支票都是「空頭支票」，無法兌現。他的這種行為已成習慣，並非惡意，也非有意，但這種習慣會造成他不把承諾當一回事，對這種人不要寄予什麼希望。

　　大千世界，什麼人都有，明明事實擺在面前，他還要辯解，對這種人，你的態度也要有所保留，因為他有可能埋下了更大的錯誤，而且，這種人也不會勇於承擔錯誤，你若對他毫無保留，有一天倒楣的會是你自己。

　　還有就是「三鬼」了，其中之一就是「色鬼」，這種人見了美色就忘了自己是誰，這種人無法專注於事業，要不然也會因色誤事。對這種人，態度要保留幾分，否則你必會受到無妄的牽連。其二就是「賭鬼」。這種人喜歡上牌桌，牌一打就天昏地暗，不知下桌。對這種人，你要保持距離，否則有一天他會向你來借賭本，也有一天會誤了你的大事。最後，就是「醉鬼」。這種人好飲，而且每飲必醉，甚至每醉必發酒瘋。這種人有個性上的缺陷，有無法控制情緒的缺點，誤事誤己，因此，你也要小心。

　　世間最珍貴的就是親情，而有一種人連父母都可以不要，甚至虐待父母，他對別人也可以如此。對這種人，要小心，因為他的無情可以創造大事業，但也會毀滅別人。

　　尤為指出的是，還有兩種更陰險歹毒的「小人」，一種喜歡落井下石，一種喜歡找替死鬼，對這兩種人，謹防慎防！

◆　善於求同存異

　　要減少差異就要設身處地地為別人著想，以達成共識。為別人著想，就會產生同化，彼此間的關係就會更加融洽。

　　和人相處，如果總是強調差異，你們就不會相處融洽。強調差異會使人與人之間距離越來越遠，甚至最終走向衝突。

　　如果把注意力放在別人和自己的共同點上，與人相處就會容易一些。

　　要減少差異就要設身處地地為別人著想，以達成共識。為別人著想，就會產生同化，彼此間的關係就會更加融洽。

同化就是找共同點。和一個陌生人交談，意外地發現兩人是同省同縣同鄉的，而且一方放棄講普通話，另一方也馬上說起了老家話，那麼兩人就會備感親切，溝通起來就非常容易。

通常，我們總會在無意間詢問別人好多問題，透過詢問，我們發現雙方有著共同的衣著習慣，共同的電腦品牌，都喜歡喝某種飲料，吃某種麵包。發現了一些共同點，我們就會不知不覺去掉戒備與生分，談話變得非常投入、專注與忘我，把自己融進對方世界。這個時候，無需懇求、命令，倆人自然就會合作一起做某件事情。

誰也不會去和跟自己作對的人合作。在人與人交往的過程中，每一個人都會有意無意地想：「這人是不是和我站在同一立場？」人與人之間的關係要嘛非常熟悉、要嘛非常冷漠、要嘛立場相同、要嘛南轅北轍，不管人和人多麼不同，在這一點上，你和你眼中的對手倒是一致的，唯有先站在同一立場上，兩人才有合作的可能。就算是對手，你也得先和他有共同的利益關係，方可走到一起。

◆ 保留自己的生存空間

人們靠彼此互助才能得以生存，因此，一般情況下，不要輕易得罪人，因為，某種程度上說「得罪他人」就是剝奪自己的生存空間。

社會發展到今天，人與人之間已越來越密切，換句話說，人們靠彼此互助才能得以生存，因此，一般情況下，不要輕易得罪人，因為，某種程度上說「得罪他人」就是剝奪自己的生存空間。得罪了一個人，就好比為自己堵住了一條去路。當然，你也許會想，人還不至於得罪了幾個人就無法生存下去了吧。但要知道，世界雖然很大，但有時就

是顯得很小，更何況在同行的交往圈子裡，得罪同行，彼此碰面的機會更大，本來你可以和他合作獲利，卻因得罪他而失去機會，是很可惜的事。

有時得罪一個小人，就等於是為自己埋下了一顆不定時炸彈。即使他不採取報復手段，也要在你背後對你造謠中傷，你有理也會變成無理。

「不輕易」得罪人不是是非不分，黑白不明。當然，當正義公理不能伸張時，還要有雷霆之怒的。這種雷霆之怒有時雖然會得罪人，也有可能為自己堵住一條去路，但也有可能開出更多的康莊大道。這是說，不得已的時候才能這樣做。

◆　審時度勢再掏心

你可以不虛偽，坦坦蕩蕩，但絕不可把感情放進去，要留些空間作為緩衝的餘地。

俗話說：「逢人只說七分話，不可全抛一片心。」意思是說，對一個你並未完全瞭解的人，無論是說話還是做事，都要有所保留，不可一廂情願。人性複雜，你如果一下子就把心掏出來給對方，用心和他交往，那就有可能「受傷」！

也有一種人，你把心掏給他，他反而不會尊重你，還會把你看輕了。有些人就是有這種劣根性，你對他冷淡一些，他反而敬你又怕你！換句話說，對這種人來說，太容易得到的感情，他是不會去珍惜的，那麼你的付出不是很不值得嗎？

因此，與其一下子把心掏出來，不如慢慢觀察對方，順勢發展，

等有了瞭解後再「交心」。你可以不虛偽，坦坦蕩蕩，但絕不可把感情放進去，要留些空間作為緩衝的餘地。

不要把心一下子就掏出來，這和一個人的修養、道德無關，因此，不要於良心上有不安，它是一種面對現實的生存策略！

◆ 付真心擁有真朋友

找尋老朋友，不要失去聯繫，造成遺憾。不要再有遺憾，趁著簡樸人生的開始，把好朋友從失落的一角尋回。

古人說得好：「願付黃金三百萬，交盡美人名士」。可見擁有朋友是多麼重要。好朋友不會從天上掉下來，你必須懂得尋找。如果你是上班族，可以在辦公室找到品味相投的朋友；也可以在左鄰右舍中找到無話不說的朋友。在孩子同學的家長裡，一定有談得來的，也可以與之成為好朋友。

要擁有朋友，還得付出真心，所謂「精誠所至，金石為開」。朋友有時候什麼事都不必做，只要靜靜地聽你訴說，默默地陪你走上一段路，也就夠了。別老想著賺錢，多花些時間結交朋友吧。

好朋友談得來最要緊。公司是結交好友最簡便的地方，不用外求，就可以找著一些志同道合的知音。交朋友的方式有時很簡單，「臭味相投」最要緊。交友不能原地等待，好不容易找著一位品味相投的朋友，要主動出擊，不要讓緣分白白浪費。因為，好友得之不易。

如歌手陳紅所唱的《常回家看看》裡的歌詞一樣，回家的心情會讓你充滿悸動。因為家中也有老友。

珍惜好朋友，有空多聯絡，回家多拜訪。

　　找尋老朋友，不要失去聯繫，造成遺憾。不要再有遺憾，趁著簡樸人生的開始，把好朋友從失落的一角尋回。拿出聯絡本，找出失去聯繫的老友，打個電話問問平安或者最好親自登門拜訪，讓新朋友成為老朋友，老朋友再成為新朋友，新舊記憶雜陳其中，會激蕩出許多生活的況味和樂趣。

◆　不求盡如人意

　　世界本來就沒有完美的東西，你又何必苦苦追尋呢？要知道，有時殘缺也是一種美，也能給人帶來快樂。

　　下面的這一則寓言故事，相信你讀後一定會受到啟發。

　　一天，父子倆趕著一頭驢進城，子在前，父在後，半路上有人笑他們：「真笨，有驢子竟然不騎！」

　　父親覺得有理，便叫兒子騎上驢，自己跟著走。走了不久，又有人說：「真是不孝的兒子，竟然讓自己的父親走路！」

　　父親趕忙叫兒子下來，自己騎上驢背。走了一會兒，又有人說：「真是狠心的父親，自己騎驢，讓孩子走路，不怕把孩子累死！」父親連忙叫兒子也騎上驢背，這下子總該沒人有意見了吧！誰知又有人說：「兩個人騎在驢背上，不怕把那瘦驢給壓死？」

　　父子倆趕快爬下驢背，把驢子四隻腳綁起來，一前一後用棍子扛著。經過一座橋時，驢子因為不舒服，掙扎了一下，結果掉到河裡淹死了！

　　很多人做人做事就像上述故事中所講的父親，人家叫他怎麼做，他就怎麼做。結果呢？大家都有意見，而且大家都不滿意。

想面面俱到，不得罪任何人，又想討好每一個人，那是絕對不可能的！因為在做人方面，你不可能顧及到每一個人的面子和利益，你認為顧到了，別人卻不一定這麼認為，甚至根本不領你的情；在做事方面，你也不可能顧及到每一個人的立場，每個人的主觀感受和需要都不同，你要讓每個人滿意，事實上就會有人不滿意，為了事事求完美，有時可能適得其反。

為了面面俱到，事事完美，反而會把自己累死。因為你總是怕對方不滿意，小心察言觀色，揣摩他的心思。另一方面，別人摸透了你想面面俱到的弱點，便會得寸進尺地索求，因為他們知道你不會生氣，也許你就變成人人看不起、給人好處別人還不感謝的實實在在的大傻瓜！

做你該做的！也就是說，你認為對的，你就不動搖地去做，參考別人意見時要看意見本身。這麼做有時確實會讓一些人不高興，但如果你不動搖，就可贏得這些人事後的尊敬，畢竟人還是服從公理的。這麼做，會有人稱讚你，也會有人罵你，但世界本來就沒有完美的東西，你又何必苦苦追尋呢？要知道，有時殘缺也是一種美，也能給人帶來快樂。

◆ 學習喜歡別人

喜歡人們，並使他們喜歡自己，是生活成功的祕訣。活在人的世界中，如果處處看人不順眼，日子將會很難過。

皮爾博士是著名的積極思想宣導者，他主張每日醒來便在心中灌注愉悅思想：

第八章　方圓定律
學習喜歡別人

「想著好的一日，感謝好的一日，計畫好的一日，祈禱好的一日，創造好的一日，帶著信心出發。」他建議我們要發自內心去喜歡別人：「喜歡人們，並使他們喜歡自己，是生活成功的祕訣。活在人的世界中，如果處處看人不順眼，日子將多麼難過！」

人際間的交感電流是件奇妙的事。例如你遠遠盯著某人的背影看，雖然一言不發，而對方背後也未長眼睛，但他必定能感覺到，並且會回頭看你。如果悄然的眼神傳遞能使對方有所感應，心中對人的喜惡就更無法隱藏，而會在不知不覺中流露出來。喜歡別人，也容易被別人喜歡；厭惡別人，也難以贏得別人的好感。

因此處世的最佳原則，是真誠地欣賞他人的優點，對人發出善意，引發良性迴圈而廣結善緣。

傻瓜哲學

人生很難，那是因為你不懂裝傻

第九章 工作定律

能夠從事自己喜歡的事務，就是快樂的人。道理甚為淺顯，這就好比陪著一個不喜歡的人散步 1 公里，一定比與熱烈情侶散步 10 公里更感疲憊。

◆ 快樂工作出於興趣

疲勞感的產生，主要並非源於肉體的消耗，而是與人的心理狀態具有密切的關係。

每天 8 小時的工作，你是否感到身心疲憊，甚至連話都不想和別人說上一句，而當你所盼望已久的某一個禮物——哪怕只是一本書，此時赫然呈現在你的面前，你是否眼睛為之一亮，倦意全無？

疲勞感的產生，主要並非源於肉體的消耗，而是與人的心理狀態

傻瓜哲學
人生很難，那是因為你不懂裝傻

具有密切的關係，這是眾所周知的事實。

數年前，約瑟夫・E・巴馬克在他所著作的《心理學記錄》一書中曾提出他的實驗報告：

他讓一群學生進行某種不會使他們引發興趣的測驗結果，學生們紛紛表示：好累，昏昏欲睡，頭痛，眼睛疲勞，心情焦躁，等等，有的甚至有胃部不適症狀。這些都是「假生病」嗎？不是的。稍後，從對這些學生實施新陳代謝測驗的結果得知，當感到倦怠時，人體的血壓和氧氣的消耗量隨即降低，而對工作感到興趣和喜悅時，新陳代謝立刻活潑起來。

「當一個人從事性質高趣味濃的工作時，是絕少會感到疲倦的。我在最近就有過這樣的體驗。前不久，我到路易士湖畔的洛磯山脈度假數天，我沿著柯拉爾・庫裡克一路垂釣，途中，有時須穿過高可及人的草原，有的地方橫陳，走起來有如練椿一般，有時候還多次被樹根絆倒，就這麼總共走了 8 個小時，但我一點也不覺得疲倦。原因何在？因為我釣了 6 尾大鱒魚，使我有莫大的成就感，心情一直激奮不已。相反的，若是我對釣魚絲毫不感興趣，也許早就累得想打道回府了。」

約瑟夫・E・巴馬克回憶說。

連象登山這樣激烈的活動，也不會因過度使用體力而使人感覺疲勞。明尼亞波里斯的銀行家 S・H・金格曼氏，可為此一事提供佐證。

1943 年 7 月，加拿大政府函請加拿大山嶽協會推薦數名導遊員協助游擊隊實施山嶽訓練，金格曼氏獲選為其中的一員。這批導遊員年齡從 42 ～ 49 歲不等，已不再是年輕力壯了，而游擊隊員卻個個是雄赳赳氣昂昂的年輕小夥子。他們引導這些小夥子渡冰河、穿越雪原，

第九章 工作定律
快樂工作出於興趣

利用繩索、鋼纜、腳架等攀登 12 米的斷崖，並爬完溪谷中的所有山峰。經過 6 週特別訓練後，登山的全程約需 15 小時，但那些原本體力充沛的小夥子個個都筋疲力盡，幾乎不想動彈了。

　　他們的疲勞是否因特別訓練期間未將強肌肉鍛鍊所導致呢？這個問題真的很愚蠢，受訓隊員心裡都有數，那實在是很激烈的特別訓練。他們的疲勞其實是因厭倦登山所引起的，當感到極度疲勞時，有許多人甚至連飯都不吃就倒頭大睡了。那些比隊員年長二三倍的導遊員又是如何呢？他們難免會感到疲勞，卻不致有精疲力竭之態，他們照常進晚餐，飯後，還要花幾個小時主持討論會。他們所以具有如此毅力，是由於他們一向對登山興趣濃厚。

　　如果你是腦力工作者，大概不會因工作量而造成疲勞，但若屬於積壓的工作，則另當別論。你是否曾有過這樣的經驗——某一天，工作時接二連三被擾中斷，沒有時間寫回信，商量不順利，問題層出不窮。總之，一切都不順利，什麼事情都沒處理，卻感覺疲憊萬分，回到家仍感頭痛欲裂。而第二天剛好相反，事事得心應手，無往不利，處理的工作量比前一天多 40 多倍，但下班時仍覺神清氣爽，精力充沛。

　　因此，我們應該得到的教訓是：我們的疲勞大多非因工作所產生，而是由於煩惱、挫折、懊悔。

　　如果你對自己的工作存有倦怠感，那該怎麼辦？這裡有一個速記員的實例：

　　她在奧克拉荷馬石油公司服務，每天必須在一大堆的借貸契約書上填寫一些數字並加以統計，工作性質極其單調，使她頗感厭倦。為自我防衛起見，她決心設法使它趣味化——每天跟自己競爭。當結束上午的工作時，她就統計一下所做成的數量，該天下午即以超過上午

傻瓜哲學
人生很難，那是因為你不懂裝傻

的成績為目標。然後，再統計出全天的工作量，第二天則以超過前一天為目標而努力。結果，她的工作績效名列全組第一。這給她帶來什麼好處呢？嘉獎？感謝？喬遷？加薪？都沒有。然而，她從此不再對工作感到疲勞厭煩了。那時因為具有目標的努力，給予她一種精神刺激，使她湧出更大的活力和熱忱，此後也讓她能夠享受更閒暇。

這是真實的故事，她就是戴爾·卡耐基夫人。

數年前，一個名叫哈朗·A·哈瓦德的貧窮少年，痛下決心強迫自己一定要「敬業樂業」，從而使他的人生完全改觀。他在一所高級的餐廳打工，工作卑微而繁瑣，但其他少年興高采烈玩棒球或跟女生打情罵俏時，他卻正在洗碗、擦桌椅，或舀霜淇淋給客人。哈瓦德很輕蔑自己的工作，但是家境所逼，又無法放棄這份工作。於是他決心研究有關霜淇淋的種種問題，諸如製造過程如何、使用何種材料、為何味道上有好壞之別等等。由於長期沉浸於霜淇淋問題的研究，使他成為高中化學課程的博學家。接著，他又轉而對營養化學產生興趣。考進麻塞諸塞州立大學，專攻食品化學。其後，紐約的可哥貿易中心，曾以大學生作為主題舉辦一項徵文活動，題目為有關可哥和巧克力的利用問題，哈瓦德應徵入選，獲得獎金 100 美元。

畢業後他一時找不到適當的工作，便在自己住宅的地下室設立一個私人實驗室。過了不久，麻省議會通過一條新法律：牛乳產品中心須標示它的活性菌數。哈瓦德恰為此道專家，他的故鄉亞馬斯特的 14 家牛奶公司紛紛聘請他擔任該項工作——計算活性菌數。因為應接不暇，使他必須聘用兩個助手。

其後，25 年來，他仍堅守營養化學的工作崗位，而當年許多從事該行業的同事，有的已離世，有的則轉換跑道，唯獨他 25 年如一日，

第九章 工作定律
快樂工作出於興趣

一直未減其研究的熱忱和創意,並不斷提攜青年學子,而成為此業的指導者,其盛名始終屹立不搖。反觀當年被他所羨慕的那一群同學呢?如今有許多人正在失業中,他們落魄潦倒,只是不斷咒罵政府和自嘆時運不濟。如果哈瓦德沒有化厭煩為樂趣這一念之間的改變,機會也許就不會降臨到他身上的。

年輕人卡登邦並不懂法語,但仍有辦法挨家挨戶的推銷下去,而且,他在第一年就賺了 5000 美元,可說是當年收入最高的推銷員之一。

不會說法語,如何能在當地成為第一流的推銷員呢?他的方法是,先拜託雇主把推銷過程中所需用的法語書寫出來,他當即努力背誦。他出門推銷時,按門鈴通常都是主婦出來開門,卡登邦即用他那滑稽的法語腔反覆說出所背誦的文句,然後出示一張像片,對方若有什麼質問,他即聳聳肩說:「美國人……美國人」。接著,他就脫下帽子用手指示貼在裡面的法語廣告詞。這一來,對方撲哧地笑出聲了,他也跟著笑笑,於是再取出更多的像片。卡登邦回憶說,這種推銷方法,絕不是愉快的差事,支持他繼續做下去的唯一原因,乃是他決心使這個工作變成有趣一點。他每天早上出發前,都要對著鏡子,如此自我激勵:「卡登邦啊!如果你不幹這工作就沒飯吃了。既然非做不可,為何不把他弄成愉快一點呢?當你在門口按鈴時,不妨假想自己就是舞臺上的演員,無數的、陌生的觀眾正專注地觀賞你的表演。換言之,你所從事的行業亦如同滑稽的舞臺劇一般,那麼為何不投入更大的熱忱和興趣呢?」

卡登邦表示,他就是每天這樣鞭策自己,才將原本不喜歡的工作在不知不覺間轉為興趣盎然,而且獲得可觀的收入。

傻瓜哲學
人生很難，那是因為你不懂裝傻

　　卡登邦認為，每天早上必須促使精神或頭腦運動，因為如此才可以鞭策你邁向行動。每天早上自言自語地激勵自己？那豈不像是蠢蛋或稚氣十足的笨蛋？絕對不是，這才是健全

　　心理學的真髓。18 世紀前的馬卡斯・奧雷利亞斯在《沉思錄》中曾如此寫道「我們的人生就是由我們的所思所想建造出來的。」這句話在今天仍是真理。

　　每天經常自我對話，可以引導你思考有關勇氣與幸福，或權力與平和等事情。如果你將值得感謝的事情做自我對話的題材，將會使你心胸躍動、充滿欣慰而想哼出歌來。

◆　快樂是傻瓜最喜歡的世界

　　一個心境健康的人，就會思想高潔，行為正派，就能自覺而堅決地摒棄骯髒的想法，不與邪惡者為伍。

　　許多傻瓜式的人物都是樂觀、豁達、心地坦然的人。他們蔑視權貴、淡泊名利，善於享受真正的生活，善於發覺蘊藏在生活中的無窮快樂。他們之所以總是充滿著幸福和快樂，也許正是由於他們總是忙於從事各種最快樂的工作——他們那富有的心靈總是充滿著創造的活力。

　　一家報紙曾舉辦一次有獎徵答，題目是：在這個世界上誰最快樂？獲獎的答案是，正從事著自己喜愛的工作的人，是最快樂的。快樂與事業非但不矛盾，而且是和諧統一的。對工作有樂趣，可以得到快樂，事業成功了，可以得到更大的快樂。正如埃及著名作家艾尼斯・曼蘇爾所說：「事業成功本身，便是最大的快樂，最大的幸福，最大的力

量。」因此，我們追求事業成功，就是追求最大的快樂。

從許多人物傳記中我們可以知道，許多天才式人物都是樂觀、豁達、心地坦然的人。他們蔑視權貴、淡泊名利，善於享受真正的生活，善於發掘蘊藏生活中的無窮快樂。

像荷馬、賀拉斯、維吉爾、莫雷拉、莎士比亞、賽凡提斯等等都是樂觀豁達的人，在他們的偉大創造活動中洋溢著一種健康、寧靜的快樂。像這樣心底快樂、本性寬厚敵人還有路德、莫爾、培根、萊昂納多·德·文西、拉法葉和蜜雪兒·安吉羅等等。他們之所以總是充滿著幸福和快樂，也許正是由於他們總是忙於從事各種最快樂的工作——他們那富有的心靈總是充滿著創造的活力。

保持我們心情豁達、樂觀，我們就能夠看到生活中光明的一面，即使在漆黑的夜晚，我們也知道星星仍在閃爍。一個心境健康的人，就會思想高潔，行為正派，就能自覺而堅決地摒棄骯髒的想法，不與邪惡者為伍。我們既可能堅持錯誤、執迷不悟，也可能相反，這都取決於我們每一個人，而真正擁有這個世界的人，是那些熱愛生活、擁有快樂的人。

◆ 樂在工作的竅門

即便你是個沒有能力的人，也要學會把工作演繹得神靈活現，當然切記不讓事業危及健康，也不讓生活吞噬工作。

美國鋼鐵大王安德魯·卡耐基說：「一味的追逐財富，會使工作變得乏味不堪。」

有人說王永慶很愛賺錢，但你別忘了，他也熱愛運動。日本新力

公司的老闆聖田昭夫家財萬貫，但他熱愛創意，喜歡動腦。許多科學家、作家、藝術家成功的祕訣都在於：「隨心所欲，做自己喜愛做的事。」

樂在工作的竅門是：

認識自己。每一個人都有很多面，最強的一面叫專長，次強的一面叫興趣，再來是品味，每個人都有必要明白自己的三面一體。要在清醒的時候，認真分析自己的每個方面，充分認識自己，做好工作定位。

於是工作時工作，休閒時休閒，睡覺時呼呼大睡。

以趣為師。有趣的事，比什麼都重要，它可以化阻力為動力；無趣的事，會把工作變成像監牢。愛花的人，可以以園藝為職業；喜歡文字的人，不妨考慮當作家、出版社的創意人、雜誌編輯等等。

工作很有趣，工作便是對；工作很苦悶，工作便是錯。

演活自我。即便你是個沒有能力的人，但不要以此為藉口厭煩你的工作，要學會把它演繹得神靈活現，當然切記不讓事業危及健康，也不讓生活吞噬工作。像傻瓜那樣始終相信，只要把自己演活，生活便無後顧之憂。

◆ 快樂工作需要熱情

沒有任何東西能如「熱情」讓人如此心胸寬大，精力充沛、勇敢與溫情。這是一種生機，一種生命力，一種貫穿於自我的令人振奮的東西。

活出熱情的意義就是找出你愛做的事，然後全力以赴。不管你是

第九章 工作定律
快樂工作需要熱情

否能得到金錢上的回報，你都堅持到底，這便是真實生活的最好方法。當你從事自己愛做的事時，自然會精力充沛、信心十足。

　　無論你的目標是什麼，你喜歡的事物會使你全神貫注。你的熱情會如流水般擴散出去。當你全神貫注在自己的興趣上時，你會忘記周圍的一切，沉浸在幻境中。等工作完成時，你會感到心靈的寧靜與安詳。當你專注於工作時就像是在冥想一樣，你忘了自己是誰，關於所做的事的創意四處湧出來。為什麼不是每個人都能活出熱情呢？為什麼許多人活在半夢半醒間，總是埋怨著生活的無趣？這是因為有兩個主要因素在作怪：一是人們並不知道熱情是非常重要的；另一項是人們不會因為熱情而受到讚美和鼓勵。結果許多人都不知道他們真正的熱情所在。

　　當人們對自己的工作並不真正感興趣時，他們會變得野心勃勃。野心是一種偽裝的動機，它假裝有熱情在其中。一些人將力量放在控制別人身上，便是因為他們沒有做自己最感興趣的事，所以試著找些替代品來自我滿足。你可以輕易地分出野心與熱情的區別，只要你問他這個工作沒有金錢的回報他還做不做就可以了。如果對一項工作有熱情自然會全力以赴，不管是否有回報。

　　追求熱情使人變得善良並且更富有愛心。喬‧吉拉德在《吉尼斯世界大全》中被評為世界上最偉大的推銷員，他在 15 年裡賣出 130 萬輛汽車，最多的一年竟賣了 14000 輛。讓我們看看其中一輛是怎樣出售的：

　　有位婦女為了消磨時間進了他的展廳，因為她要買的是對面車行的福特車，那裡的推銷員讓她等一個小時，她告訴吉拉德自己準備選購一輛白色的福特車作為她當天的 55 歲生日禮物。「生日快樂！夫

傻瓜哲學

人生很難，那是因為你不懂裝傻

人。」古拉德仍然熱忱地請她隨便看，自己出去交代了一下，然後他誠懇地介紹自己的白色轎車；儘管品牌是雪佛蘭而不是福特。這時，女祕書進來遞給吉拉德一打玫瑰花，他鄭重地把花送給那位婦女：「祝您長壽，尊敬的夫人。」

女士深受感動，眼睛濕潤了，她在這裡受到了尊重，而福特車行的推銷員卻見她開著舊車而怠慢了她。她感到自己並不一定非得買福特車，於是放棄了原來的打算，選擇了一輛雪佛蘭，並寫下了一張全額支票。自始至終，吉拉德都沒有說過一句勸她放棄原計劃改買自己產品的話。

富人覺得世上最缺少的東西是愛，窮人覺得世上最缺少的東西是錢，這是現實的一種自然選擇。但這並不等於為了致富就只注重金錢，更加值得尊重的是「愛」，因為它常常成為財富的源泉。什麼是激發「愛」的最有效手段？熱情！當我們充滿熱情地愛他們、對他們感興趣時，他們內心真善美的一面很自然地被激發出來。我們願意真情流露通常是因為別人對我們表達了關心與感激。當你感覺到關心別人和更積極主動地看待人生時，你的人際關係也上升了一個層次。當你幸福時，你就會更具吸引力，別人因此也願意和你相處。你的熱情把你帶向了保持同質的精神，這會感染同類型的人——你們就會有更多可談的話題，而不僅僅是交通和天氣。當你覺得心力交瘁時，追隨熱情能使你保持頭腦清醒、神智清晰。當我們生病或做錯事時，我們都有一段難熬的時光。容格曾經說過：「生命中所有最大與最困難的問題，其實基本上都是解決不了的。而有些人在苦悶當中能保持相當的樂觀，並不是他們解決了問題，而是他們找到更強的、更新的生命目的，來取代了那種苦悶。」

在艱難中，你更需要找出你的熱情來，建立一個與你有共鳴的人際群體。你最要好的朋友應該能和你一起在關懷中。當你計畫中的會議完成，基金也湊足之後，大家一起坐下來閒聊或取笑著剛剛發生的錯誤，彼此都覺得更加親近。

發揮熱情能帶給你真正的自信，因為當你集中注意力於你所愛的事情時，並不是專注於你的形象，而是會產生自信。你失去了自我意識，並不是擔憂你的印象如何，而是熱衷於表達你的熱情。我們都看過指揮家指揮一個樂隊，他們的頭髮蓬亂，隨著音樂來回起伏。但是有誰會留意這些呢？他們生命的激情正在音符上流動、跳躍。

舞蹈家瑪莎格雷厄姆說：「沒有任何東西能如『熱情』讓人如此心胸寬大，精力充沛、勇敢與溫情。這是一種生機，一種生命力，一種貫穿於自我的令人振奮的東西。」

善良的人們，你們需要像快樂傻瓜那樣對任何人與事都充滿無盡的欣喜與熱情。

◆ 做自己真正喜歡做的事

為了生存，很多人不得不從事自己不喜歡的職業，這讓他們感到不快樂、煩悶抑鬱，這是導致對生活失去興趣的關鍵所在。

工作在很多人眼裡，只是謀生的手段。為了生存，他們不得不從事自己不喜歡的職業。而工作時間佔據了他們生活的很大一部分，這讓他們感到不快樂、煩悶抑鬱。這是導致對生活失去興趣的關鍵所在。

問題是，要知道自己到底喜歡做什麼事是件很難的事。我們可能年輕的時候起就不斷這樣問自己，苦苦追尋著答案。我們希望找到能

維繫自己一生興趣的東西，而不再像現在這樣心猿意馬地浪費生命。這當然不像取消一次約會那麼簡單。真正認識自己，調整自己的生活，可能需要極為漫長的時間。但是，我們應該相信，只要有毅力和恆心，不甘沉淪在毫無興趣的生活泥沼裡，我們就一定能改變自己的生活。你的目標可能是探險旅行，也可能是回到學校，一切重新開始，或者是到一個新的國家，去豐富、擴展自己的生活。如果你現在想知道自己想幹什麼，那麼建議你做一些自我測試分析，也可以找專家諮詢，也許這要付出巨大的努力，可是不管付出多大代價都是值得的，因為這是生命得到有效發揮的巨大動力，能讓我們平淡無為的生命變得充滿光彩，而且這也將有利於大大簡化我們的生活。

邁克爾是一位 33 歲的行政管理顧問。他精明能幹，受過良好的教育，拿了 3 個學位，其中包括一個博士學位，他工作在慕尼克，同一位居住在加利福尼亞的婦女有著「穩定的、遠距離的關係」。他一年要搭 140 次飛機，每週平均工作 80 小時，有時甚至每週工作 100 小時。當問他是否喜歡他的工作時，他會說：「從知識領域挑戰的角度講，我喜歡我做的工作。」儘管他拿高薪，但是他不亂花錢。他租了一套小公寓房，他很少住在那裡，他的財產也不多。他不是從長時間工作對健康不利的角度考慮他的工作，而是認為這是為了「獲得經驗」。

◆ 將家庭融入工作空間

讓全家人團聚是化解繁複生活的一個好辦法，如果你想快樂工作，讓孩子們融入你的工作空間，是一個很好的開始。

生活中有很多人，儘管工作帶給他們不少滿足感，但是，他們卻

常常為此待在辦公室工作，而不能與家人相處。因此，將家庭融入工作空間是一項兩全其美的事。

帶孩子到辦公室，至少有這樣一個好處，那就是孩子可以降低你的工作壓力，及緩和工作環境的不和諧。

不可否認的，有許多人的工作場所，是不適合帶小孩去的。但是，你還是可以想出很多辦法，讓孩子進入你的工作生活。或者你可在週末工作比較不繁忙的時候，把孩子帶到辦公室去看看。讓孩子認識你的工作夥伴們，或許，也可以認識他們的孩子。你可以讓孩子們知道你在做什麼，也可以展現你的工作範本，或是一個成品。

讓全家人團聚，必然是現今世界上，化解繁複生活的一個好辦法。如果你想快樂工作，讓孩子們融入你的工作空間，是一個很好的開始。

◆ 從事家庭職業

做自己的事，自己做喜歡的事，全身心體驗將生活融為一體的工作，必將帶給你更多的人生享受。

對於那些做了父母的人來說，從事家裡進行的職業是一個不錯的選擇。這樣，既能賺錢，又不用提心吊膽地擔心保姆是不是盡職盡責。現在，越來越多的人選擇了家庭職業，這似乎已成為了一種潮流。事實上，從事家庭職業並沒有想像中的那樣複雜。

當然，還是有人擔心，在家裡工作會受到孩子的影響，干擾太多，效果不好，可事實上，這只是一個進行合理安排的問題。如果他們想跟你一起玩，那你可以專門劃出一段休息時間陪他們或者雇用保姆照顧他們，而在需要放鬆一下的時候，你盡可以跟他們在一起，等他們

睡覺了，你盡可以安心工作。

在家裡工作，省去了平常在上下班路上奔波的時間，還能跟孩子們在一起，整個人都會放鬆很多。當然，負面的影響是，你一定不得不放棄以前那種在工作上全力以赴獲得最大成功的雄心壯志，因為在家裡工作，工作時間會經常被意外的事情打斷，效率不高是肯定的。

但是，不管怎樣，越來越多的人得以接受這種工作方式，正說明了它的積極意義，做自己的事，自己做喜歡的事，全身心體驗將生活融為一體的工作，必將帶給你更多的人生享受。

◆ 找一份適合自己的工作

一個人只有找到適合於自己的工作，才能真正享受到生活的意義，感受活著的價值。要知道，這種感覺是無法用金錢買到的。

卡耐基說：

「一個找不到自己喜歡的工作的人是不幸的，然而並不是這個世界上沒有他所適合的工作，而是他不願意找，不願意工作！對於那些滿懷熱情尋找自己喜歡的工作的人，他們一定能找到一份自己喜歡的工作！」

工作對我們意味著什麼？

那些有一份正當工作的人，他的精神會非常愉快，夜晚也睡得非常香甜，因為他在白天的工作，每一小時都有一小時的滿意。當然，他並不苛求盡善盡美，他知道這個世界上沒有人能達到盡善盡美的目標。可是他能感覺到，儘管生活遠遠沒有盡善盡美，可每一天，他都在向心中的目標前進。他能在他的工作中逐漸培養自己的自信心，並

第九章 工作定律
找一份適合自己的工作

且時時有新的發展。一個人只有懷著這種興趣去工作，才能真正享受到生活的意義，感受活著的價值。要知道，這種感覺是無法用金錢買到的。

可這個世界上還有不少人，工作對他們來說，唯一意義就是在於它能帶來一日三餐、養老保險金、汽車、房子。這當然沒有什麼不妥，但是，這些不能從工作中享受快樂的人，多多少少是不得別人同情的。當他們從事著一份自己並不喜歡的工作，每一天，他們都勉強按部就班地去工作。他們對任何工作都感到討厭，認為只有奴隸或機器才應該工作。這種人工作的唯一目的，是賺更多的錢，以便可以早一點擺脫工作的重負，專為享樂而生活。

另外還有一部分人，儘管他們有一份體面的工作，一個不錯的職位，一份可觀的薪水，可是他們對工作仍然充滿抱怨，總覺得毫無希望，而且常常為此苦惱不已。還有一部分人，儘管他們也願意工作，渴望工作，可他們仍然不能從工作中得到快樂和滿足，總是鬱鬱不樂，怨天尤人，感到懷才不遇，有一種英雄無用武之地的感嘆。對於這種人，我們怎能再去苛責他們呢？他們已經十分不幸了，只能說他們從事了自己並不適合的工作。

戴爾·卡耐基指出，有三種人不適合工作：第一種是工業革命的受害者。他們雖然擁有精湛的工藝水準，但是在現在社會裡卻完全用不上，沒有人再需要這種東西。由於找不到合適的位置，他們只好淪落為普通的，也是同樣貧窮的、吝嗇的雇主手下的一名苦工了，他們已經找不到工作的樂趣。

第二種人則是自小就被父母嬌生慣養，以致他們的品性都被縱容壞的人。由於他們得到了父母太多的溺愛（甚至可以這樣說，他們是

199

在蜜罐裡長大的），所以他們從來不會想到人是需要一份工作的，就是有人要求他們工作，他們也會認為，工作有傷於他們的臉面，工作對他們來說簡直就是一種侮辱！即使到了後來，由於生活或者環境逼迫，他們不得不放下架子去工作，可是他們還是會覺得自己對任何工作都沒有興趣，沒有一種工作能夠適合他們。

第三類人是那些願意工作，想要工作，並且現在也仍然在工作的人。他們兢兢業業的工作且成績出眾，有不俗的業績，他們受到人們的尊重與敬仰。然而對於他們自己來說，他們還是覺得缺乏快樂和滿意感，他們內心總是覺得這樣的工作不適合自己。

其實多數的人覺得那樣的工作對自己不合適，這都是他們自己沒有能夠調整心理。因為他們對於他們所從事的工作，壓根沒有進行過調整。事實上，只有那些心境和感情都成熟了的人，才有能力支配他們的工作並從中找到滿足和快樂。

沒有人不擔心自己能力低下的，所以大家都努力發展，勇於爭先，努力提高自己的水準和能力。為了使我們的這個缺點得到補救，我們必須在生活、社交圈子、戀愛、以及工作等諸多方面加以努力；對我們來說，努力工作是制伏低劣感情的最好辦法，因為我們用於工作的時間總是比交朋友啊，談戀愛啊需要多得多的時間。

低劣的感情是很容易對付的，只要我們擁有堅定的決心，因為低劣的感情往往是由身體上的某些器官帶來的，所以要克服它並不是難事。

有一位非常著名的文學家，因為他從小就有了眼疾，所以他觀察事物的能力總是比別人差一點，然而他在自己的日記裡寫著，在十三歲的時候，他就能想像所有的事物，而且這些事物要比他能夠看到的

第九章 工作定律

找一份適合自己的工作

好得多。我們也知道，偉大的作曲家莫札特患有嚴重的耳疾，可是他在四歲的時候，他還是能夠為了學習鋼琴而走到那又寒冷又潮濕的閣樓上去。大畫家韋勒斯是色盲，然而他從小就一直在作畫。同樣的故事一再發生，一位偉大的雕塑家因為從小用慣了左手，所以他在工作的時候總是左右不分，為了彌補這一缺點，他就用他的右手專門製作貴重的大理石和黃銅雕像。

還有些感情低劣的人，他們的缺點並非出於器官的問題，而由於他們在訓練方法上擁有太多的錯誤。我們不可能把他們錯誤的根源一一列舉，而且教他們如何去補救，可是我們可以給他們擬這樣一個大綱，幫助他們自己找到補救的方法。

第一，無論你是男人、女人，還是老人、兒童，你都必須找一份對社會有利的工作來做。擁有一份正當的職業，這是對低劣的心理的一種補救；不過要是這種工作對於社會毫無益處，甚至還相當有害時，那麼這種工作就非常不好了。我們可以想見，一個魔術家和一個小偷同樣擁有一個靈巧的手指，他們也都完全有能力補救他們那有些笨拙的左手；但是就報酬而言，魔術家給予我們的是愉快和享受，小偷卻只能帶給我們痛苦和損失。總而言之，我們要找的工作只能是對社會有益而無害的。

第二，你可以作一個遙遠的回憶，想想你的孩童時代，你最喜歡玩的是什麼遊戲？要是喜歡這種遊戲，那麼這種遊戲就會指明你最喜歡的工作，你可以再回想一下，在少年時期，你最早產生的志願是什麼？這將指引你發展的方向。所以，你會知道你喜歡做什麼工作，要是它對社會有益，那麼就堅定地去做吧！不管會有多麼巨大的艱難和犧牲，你只要做到底就行！

　　第三，在你的本職工作之外，你需要給自己找一份你喜歡的副業。在現代的社會裡，要找一份能夠維持自己生活的工作，實屬不易，能夠找到，當然非常幸運，只要它對社會的利益無損，那是正當的了；但是，如果這份工作除了使你能夠填飽肚子，絲毫不能使你快樂，那你就得尋找一個合乎你的性情，能被你所喜歡的副業，讓他作為你心理上或者精神上的補救了。

　　第四，必須由你本人選擇你的職業。要知道一個普通人必須有一份自己勝任的並能使自己快樂的工作，同時，你還得對這份工作負責。所以，你的職業非得由你自己選擇不可，不可託之於父母，也不可託之於朋友，因為他們不會瞭解你內心真切的感受和想法。如果你不能自己選擇職業，或者你選來選去總是不能找到你喜歡的工作，那麼，問題的本質並不出在工作上，而是出於你對工作的態度；這時候，你就得去請教一下精神問題專家了，讓他們查一查你的精神上到底有著什麼樣的毛病，不然你為何如此堅定地拒絕職業和工作。在這個熙熙攘攘的世界上，不管是男還是女，不論是老還是少，凡是有精神方面的問題的人才會戴著有色眼睛關注世界，他們覺得這個世界上的一切都是灰暗的。

　　所以快樂傻瓜請你相信，工作著不只是充實的，也是美麗的。

◆ 工作壓力可減緩

　　當你感到工作、生活十分緊張，精神壓力特大時，要尋找自己喜歡的活動專案，安排恰當的時間參加，忘記工作、生活心煩事，調節自己的心理狀態。

第九章 工作定律
工作壓力可減緩

　　一般人認為，坐辦公室的「白領」一層的人工作環境舒適，勞動強度小，是人們都嚮往的生活方式。殊不知，作為「白領」的一群人，他們雖然不像體力勞動者那樣大量消耗體力，但經常需要在短時間內處理大量資訊或做出重要決定。單調的工作方式、高度的工作需求和精神緊張，給他們帶來很大的生理和心理負荷。

　　如果你就是個「白領」，一定大部分時間採取坐的姿勢。在辦公室需要長時間工作，這種坐姿增加了頸部、腰背部和骨骼的負擔，可導致頸椎病以及腰背肌肉骨骼損傷。另外，如果有的辦公室場所工作的桌椅高度不符合使用者人體尺寸特點或不符合工效學的設計原則，人們在工作中不能處於自然、舒適的狀態，容易引起身體某些部位的緊張和疲勞，儘管體力消耗不大，但工作一天後會感到腰酸背痛、疲勞乏力。

　　北京積水潭醫院矯形外科主任李為醫生說：「坐姿使腰部頸椎間盤承受巨大的壓力，這是許多成年人背部損傷的主要原因。如果一個人整天待在辦公室裡，休息時間不從事任何運動來鍛鍊腰部的肌肉，後果會很嚴重。辦公室人員在工作的時候，腰部要長時間承受上半身的全部重量，因此，最好能隔一段時間就站起來走動一下，做做舒展運動。」

　　在現代社會中，電腦已經成為人們生活和工作不可缺少的工具，特別是坐在辦公室的人們，整日都在對著電腦工作。電腦在給人們帶來諸多方便的同時，也帶來了一些煩惱和憂慮，人們長期從事電腦工作對健康的影響是直接的。

　　第一，腕隧道綜合症。醫護人員指出，長期使用電腦鍵盤，會提高患腕隧道綜合症的概率；如不注重保健，可能會導致神經受損，手

部肌肉萎縮。

第二，對現代女性來說，電腦更是他們最常接觸的辦公工具，接觸電腦已很難避免。長時間坐在電腦前或使用電腦，都會使你在不知不覺中患上電腦綜合症。若是久坐在電腦螢幕之前，加上坐姿不正確，最容易引起腰酸背痛的症狀，另外，過度注視螢幕，則容易引起眼睛疲勞酸痛。

有關調查資料表明，有 35% 以上電腦前工作的女性出現痛經、經期延長等症狀，少數婦女還發生早產或流產。世界衛生組織的研究指出，孕婦每週使用 20 個小時以上的電腦，其流產發生率會增加 80% 以上。同時，也可能導致胎兒畸形，這些與電腦顯示器的極低頻電磁場有關。此外，長期從事電腦作業，精神緊張、心理壓力大、容易全身疲憊，乳腺癌的發病率也比一般人要高出 30% 左右。

深圳、上海、北京等地比較發達，工作的人壓力相對較大，特別是女性承受的工作壓力、生活壓力更大，如果不注意「減壓」，久而久之，會影響心理和身體健康。所以建議如下：

一、工作節奏合理調整

每日工作安排要合理，若超負荷時間過長，工作節奏緊張，就會引起人體內分泌紊亂，內環境失調，導致失眠、多夢、健忘、頭暈、頭痛、月經不調、腹痛等症，常見的高血壓、月經前緊張等病的致病因素，與長期緊張工作、學習、生活壓力大關係密切。生活規律，工作科學安排，不過度緊張和疲勞，就會減少思想壓力，有利於身心健康。

二、自我解除精神壓力

中醫認為：肝主舒泄，其意思是肝可以舒泄情志，調節氣機。在正常情況下，肝舒泄功能正常，人就精神愉快，心情舒暢，即使偶爾遇到不順心的事情，可以很快自我調節，避免人體內環境失衡，消除致病的危險因素。但是，人們在日常緊張的工作中，遇到形形色色的人，各種各樣的事，不可能盡善盡美，皆遂人意。矛盾、挫折、失敗、不幸，隨時都有可能發生，給人精神上的刺激的同時，還不斷施加壓力。而你在日常工作中，遇到煩惱、怨恨、失望、悲傷或憤怒的事情時，首先應調理自己的心態，既不能失控暴怒，又不能不露聲色長期壓抑在自己心裡，鬱悶不樂。要自我調節，調理情志，又要設法自我解除精神壓力，以免傷肝損脾。

三、隨時做好情緒調節

1. 發洩是解除精神壓抑的好方法，在適當的場合，適中的發洩是必要的。

2. 不斷尋找滿足心理，知足者長樂。如長跑到終點時與身後的人比較，心滿意足就容易產生。

3. 找精神寄託。當你心煩意亂、鬱悶不樂時，不要只想到自己，要多想別人，助人為樂。

4. 尋找業餘愛好專案，及時調節心態。當你感到工作、生活十分緊張，精神壓力特大時，要尋找自己喜歡的活動專案，安排恰當的時間參加，忘記工作、生活心煩事，調節自己的心理狀態。

◆ 減輕壓力享受快樂

為了更加適應辦公室裡紛繁複雜的關係、爾虞我詐的較量，如果你不把這些看得有情趣一些，你就不能快樂。

一天又一天，為什麼你總是生活在痛苦的工作深淵中？減輕壓力享受快樂吧，要知道，工作也有快樂的法則！

早上的交通時間，絕對不要考慮工作，而且在這時候，你就需要給自己的一天定一個愉快的基調：看看報紙（千萬不要只局限於商業版），聽聽音樂或廣播。找一件讓自己高興的事，打發掉路上的無聊時間。

為什麼度假讓我們經歷充沛？因為那時候，我們總是一個時間做一件事情：起床後讀書，然後游泳，接著照相。在工作時，我們也應該學會這種藝術。但這並不是說你每天做的事情就少了。這只是要求你能更好地管理自己的時間。

再者，就是給任務分級：確定你做完了最重要的工作後，再接著做別的。這樣，你就會發現，給了自己輕鬆的同時，效率也提高了。

你的辦公環境是第一個影響你心情的要素。首先，將桌上的那堆廢紙清理掉，面對雜亂的辦公桌，好心情也會變壞；你還需要給辦公桌一點裝飾，如放上愛人的相片，或一張美麗的風景照片——最重要的是，讓辦公桌變成你願意呆的地方。

毫無節制的工作，不是最佳的工作者，工作效率才是首要任務。壓力，其實是休息的符號。伸伸懶腰，做做頸部與腰的運動，有助於放鬆這兩處的肌肉。深呼吸一口氣四秒，再以十六秒的慢速呼出，重複三次，可以解除壓力。在椅子上做引體上升的運動，或者擴胸、擺

手、抬腿，都能恢復體能。

要懂得找人傾吐。人際關係很重要，人至少得有位談得來的朋友，遇上難題，可以與他商量、討論，或者訴苦。

辦公室政治是枯燥無味的，把所有的事情當成是演戲，辦公室政治才能成為你的生活中最有效的調節。

你的上司和其他部門的主管爭奇鬥豔了嗎？都是上了年紀的女人了，工作辛苦誠如此，工作上再是強悍，眼角隱隱的皺紋和眼裡悄悄流露出的憂傷無法掩飾內心的煩躁；不光是年輕未婚的小夥子，就連那個從來不近女色的小老闆也對新來的美眉笑臉相迎，嗓音裡充滿了連他自己也感覺不到的溫柔；有人升職了嗎？不就是那個老實巴交的小王嗎？這小子，沒想到下班之後請老闆吃飯倒是神氣活現，怪不得什麼時候大家上班偷懶老闆總是一清二楚……

為了更加適應辦公室裡紛繁複雜的關係、爾虞我詐的較量，如果你不把這些看得有情趣一些，你就不能快樂。試著調整好你的心態，你絕對可以有風骨有格調地把辦公室政治經營成一個優雅的藝術，可以讓你足夠愉快地生活在辦公室裡，生活在自己的私人空間裡。

◆ 擺脫奴隸生活

要完全擺脫技術帶來的困擾是不可能的事，但我們可以盡可能減少它對我們的擺佈，去隨心所欲地支配自己的時間。

我們生活在一個科技高度發達的時代，技術給我們帶來很多方便。有了電腦，資訊傳遞的速度非常快，有了高速列車，人們去他們想到的地方也容易多了。然而在另一方面，技術也嚴重干擾了我們的生活，

就像一個無所不在的幽靈讓你不得喘息的機會。本來想在家過一個清閒的週末，公司的電話來了，有緊急的任務需要加班。在掛掉電話的那一刻，你一定希望電話這個東西沒有被發明出來，或者是回到逍遙無事的中世紀，那時候你根本不用一邊吃飯，一邊用手機聯絡業務，或是一邊看電影，一邊提心吊膽地擔心上司找你。在這個時代，想消失幾天是非常奢侈的念頭，技術讓我們與外界緊緊相連，它就像是把兩者融為一體的神經。

以前，在歐洲的某些國家，酷暑高溫的時候可以不必上班，而現在有了空調，大家不得不頂著驕陽奔往清涼的辦公室，要是你有所延誤，手機一定會響個不停直到你精神分裂。私人空間被縮減到最小，工作越來越多地侵入了我們的生活，奇怪的是，技術進步不但沒有讓我們更好主宰自己的生活，反而讓我們淪為了工作奴隸。

要完全擺脫技術帶來的困擾是不可能的事，但我們可以盡可能減少它對我們的擺佈，去隨心所欲地支配自己的時間。比如在一天的幾個小時裡，關掉手機，安安靜靜地做自己想做的事。據說日本的某些公司就有這樣禁止使用電子裝置的「無交際時間」，我們有享受著現代化的聯繫手段帶來的方便、快捷，可是如果不勝其煩，我們也可以拒絕使用，也許沒有他們，我們會生活工作得更好。

◆ 工作之外不工作

我們的身體裡至少有兩個敵對的敵人，一個想要隱居山林耕種，另一個卻想成為一尊受人膜拜的偉人雕塑。

我們應該儘量在工作時間裡把它做完，將工作帶回家會嚴重影響

第九章 工作定律
工作之外不工作

家人的心情，即使是由於緊急情況而不得不這樣做，也要進行合理的安排。有些人在家裡辦公，對他們而言，把時間進行合理地劃分非常重要。比如規定出工作時間，在此期間全力以赴，而不要拖拖拉拉，否則很容易造成整天都在工作的感覺，從而讓自己心煩意亂。

如果你把工作帶回家，在正式開始之前，最好先好好放鬆一下頭腦，就像短跑衝刺之前的準備活動。然後規定出時間段，可以是半小時、1小時，在工作時，一定要一心一意，聚精會神地思考。首先找出問題的難點，然後認真考慮問題的各個方面，不斷變換思考的角度，規定的時間一到馬上停止，徹底放鬆。不論問題是否解決，都把它遠遠地拋在一邊，不讓它停留在大腦裡。嚴格地區分工作和休息的時間，這是一條重要的原則，透過這原則，我們不但能養成高效率工作的習慣，還能有效堅持下去。

有一句話是這樣說的：「工作可以使人高貴，也能使人變成禽獸！」

我們的身體裡至少有兩個敵對的敵人，一個想要隱居山林耕種，另一個卻想成為一尊受人膜拜的偉人塑像。

有時候，你是不是覺得自己活得像個「雙面人」？心裡面總是有兩種聲音不停地在吵架，一種聲音說：「我看算了吧！沒什麼好爭的，不如回家算了！」另一種聲音卻說：「不行，我努力了這麼久，我一定要讓大家都知道我究竟做了什麼！」

「雙面人」最大的苦惱，就是「工作」和「生活」永遠勢不兩立。既想在工作上做出一番另人刮目相看的成就，又想過著自在愜意的生活。可是，結果總是兩頭不討好，往往得到了這個，就失去了那個。

你發現，白天的工作已經把你變成了一隻好勇鬥狠的「鬥牛」，

看到別人猛力衝撞，你不甘示弱地奮起直追。可是，一旦轉過身去，摘下「鬥牛」面具的你，其實又累又倦，你只想好好地睡一覺，或者什麼都不做，只是對著電腦視窗發呆。

意氣風發的時候，你覺得自己彷彿可以征服天下，沮喪疲憊的時候，你看你自己可能連一隻小螞蟻都不如。同樣一個人，為什麼會如此糾葛不清呢？原因很可能出在把「工作」與「生活」混為一談。其實，工作就是工作，生活就是生活，如果錯把謀生的工具當成人生的目標，而且太過把它當一回事，就會把自己弄得一團亂。

「工作」與「生活」是兩回事，應該用兩種不同的態度來看待。工作上，不管你是醫生、律師、出納、司機，你演的只是「職務」的角色；而回到真實生活中，你要演的才是你「自己」。

下了班之後，記得把自己拉回來！除了工作之外，你應該還有其他的人生目標，一些希望完成的事。例如，你真的想在陽臺上種番茄，想到海邊釣魚，不要遲疑，趕緊動手吧！除了工作之外，生活本來就是你的，不要忘了為自己的快樂奮鬥。

「雙面人」也可以是「雙贏人」，工作是贏家，生活也是贏家。不管你有過多少豐功偉績，不管你是不是受人注目，回到生活裡就把它忘掉吧！其實，世上大多數人的人生目標都很簡單：平安地活著，有個知心伴侶，生個一兒一女，做一點讓自己開心的事情，就足夠了！

◆ 跟工作談場戀愛

無論如何，跟工作談一場戀愛，把工作當成談戀愛的對象，保證讓你每天都容光煥發，快快樂樂！

第九章 工作定律
跟工作談場戀愛

「好煩哪，每天事情做不完，桌上的電話又不停地響，好羨慕別人隨隨便便工作，錢就賺到手了……」

你是不是也對工作有這樣的倦怠感呢？但不要忘了，世界上並不存在十全十美的工作，就像沒有十全十美的人一樣。事實上，完美的工作不是指某一項工作類型，而是一種心理狀態。如果你可以將自己最擅長的才智發揮出來，應用到你的事業上，只要工作環境適合你的個性和價值觀念，都可以算是完美的工作。有些人就是樂於工作，他們的才華、熱情和價值取向是一致的，永遠像快樂的傻瓜追尋著生活中的目標；而且他們時常保持強烈的成就感；他們對於時間和金錢這兩項財富，有著明確的把握。

很多人每天不停地衝啊衝啊，即使對工作並不滿意，但他們也是年復一年、日復一日默默忍受著工作中的煩惱，以為這樣就能很快得到金錢或職位的回饋。他們當初因為害怕沒有錢才有了找工作的念頭，但後來發現，一份工作並不能長期解決所有的經濟問題，於是努力了一陣子以後，往往又因為不如所願而放棄，或只好自我安慰——咳，這就是生活！

如果你也是其中的一員，建議你不妨輕輕地閉上眼睛，回想一下戀愛時的感覺，每次見到戀人的時候，是不是覺得心在顫抖，約會時總有用不完的精力？如果你能將初戀時的甜蜜延續到工作中，在工作中尋找新奇的事物，那麼你一定會精力充沛，也因此獲得快樂和成就感。

當然，就像戀情會逐漸退燒一樣，不久之後，即使你依然熱愛這份工作，但是當初它帶給你的新鮮感還是會消退。你慢慢發現面對做不完的工作與沒有增加的薪水條，你會開始覺得厭煩。就算再美好的

傻瓜哲學
人生很難，那是因為你不懂裝傻

愛情，戀人也會出現爭吵與磨擦，正像你對工作感到理想的幻滅一樣，你的心會由喜悅慢慢轉為失望。其實，無論是與戀人的關係或是在工作職場中，這種情況很正常，最重要的是，能不能再一次回到當初單純的想法。當你們大吵了一架之後，想想看第一次約會的甜蜜與戀人溫柔體貼，也許就讓你們把這份情感延續了下去。那麼，就把這種心情也用在工作上吧。想想當初工作帶給你的喜悅，你必須持續、再次的專注於工作，才能在日常的工作中把快樂一個個撿回來，繼續樂在工作。

你不妨問問自己，這份工作讓你學到了什麼、發生了什麼有趣或難忘的事、在團隊裡誰是最容易相處的人、工作的遠景在哪裡？或是你做了什麼貢獻等。如果發現這幾個問題你都答不出來，每天只是為了賺錢而工作，那樣，恐怕這份工作對你而言不太可能做得長久。其實有許多方法可以讓你和同事們保持刺激及有趣的心情，簡單地說，快樂是來自於你如何享受工作、愛情及生活。

如果能回到過去，該是多麼美妙的事情！可是戀愛也不是都是甜美的，也是有失戀的痛苦的！那麼工作呢？賺錢再多畢竟不能使人忍受得了所有乏味無聊的工作，當戀愛碰到瓶頸時，你會不會想知道下一個轉彎的風景是不是更好？當對方移情別戀，遠走高飛或是用沒感覺當藉口跟你說拜拜啦，是不是可以把失戀或分手當作換季，也許下一個戀人會更好。工作上也是一樣，我們常會在腦海中浮現一些想法：

也許我們到 A 公司薪水不但比較高，而且壓力不會這麼大！我到 B 公司也許會更獲賞識，那我就會變得更快樂！到 C 公司也許可能晚一點上班，又早一點下班！其實想要換工作的想法是正常的，所以現在的你不妨先放慢腳步，想一想你有沒有走對路，也就是花點時

間思考，這份工作對你而言是否很滿意？不是每天庸庸碌碌，盲目地堅持某個不確定的路途。否則，埋頭苦幹的結果，很可能到最後白忙一場，等到快要接近完成的階段，才發現眼前的目標，並不是自己真正想要的。

你可以選擇自己想要的情人，當然也可以選擇自己想要的工作。選擇自己想要的工作是不是需要一些條件呢？女孩子不是常會幻想將來另一半理想的條件要有錢、英俊、學歷高嗎，但是常常是魚與熊掌，不能兼得。換工作也是一樣，你可以先問自己：最想在工作中得到什麼？

如果你最想要的是豐厚的收入，就應該選擇一個收入較高的環境和工作類型，如果自己最在意的是人際氛圍，一旦發現這份工作較為缺乏挑戰性或發展，得失心也不會那麼重，因為這是你自己的選擇。先瞭解自己最在乎什麼，否則就算一年換 12 個工作也沒有用，還是得重複遞辭呈，然後找下一個工作的過程。雖然換工作似乎不比情人分手沉重，但也是很費力的！

所以，在換工作前先想想，自己最在乎的是什麼？然後，再以最在乎的因素為目標，勇敢地去找新的工作！這麼一來，才不會一次又一次的後悔，浪費時間在不合適的工作上。

無論如何，跟工作談一場戀愛，把工作當成談戀愛的對象，保證讓你每天都容光煥發，快快樂樂！為了你自己，試著善待自己、樂在工作吧！

◆ 激發潛能快樂工作

隨時保持 HIGE 的狀態，不斷地肯定自我，並適時給自己掌聲及鼓勵。快樂工作，就是這麼 EASY。

工作在現代人生活中的分量愈來愈重，甚至成為評量成功的重要準則。你認為，今日工作的挑戰是什麼？我們如何面對挑戰？如何更大限度減少失敗？沒有人可以完全避免失敗，特別在經濟正面臨低迷的時候。失敗其實是一種學習如何不向下沉淪的不愉快經驗。失敗正是成功的養分。如果我們可以誠實的瞭解、分析失敗的原因，失敗的經驗就不是絆腳石而是墊腳石。許多人因為一再失敗所帶來的痛苦和反感，便害怕去嘗試與挑戰。其實，失敗並不代表一個人，而是一個值得我們去學習與成長的單一事件。

進入 21 世紀，不管你為哪家公司、哪個組織工作，最好的方法就是把工作當成自己的事業經營。如今不可能人人都有工作，也沒有一家公司可以保證你終生的工作。因為在全球經濟的迴圈與競爭之下，連政府部門都無法提供你終生的工作。

你應該對你的老闆忠實，因為他付你錢，就是要你認真做好本職工作。不過你還必須成為一個終身學習者，不斷提升教育程度和技能，以面對各種經濟週期。

在今天，享受工作樂趣的方法很多。那些科學家、運動員、藝術家、音樂家或演員都是以工作為樂的。要樂在工作最好的方法，就是將它視為一種終生的成長歷程。

在美國，很多人都在五到七個不同公司，做過至少七個不同的工作。而世界各國的年輕人，也都有過數次跳槽的經驗。換句話說，工

第九章 工作定律
激發潛能快樂工作

程師可能變成企業家，音樂家可能變成數學老師或業務員，而護士也可能變成科學家。重點是要找出什麼是你喜歡而且擅長的，並且將你的熱情與事業結合在一起。

你最好可以找到一個能夠發揮潛力、激勵自己的工作。長遠來看，與從事別人眼中使你致富的工作相比，做你喜愛的工作，將能為你賺進更多的錢。雖然賺錢是我們努力工作的重要原因之一，但是當你在自己不滿意的事業中努力工作了一輩子，卻在退休後發現，你已經老到、累到無法享受成果時，多麼殘酷。我們工作的態度最好能夠像那些渴於求知、喜歡上課的學生一樣，不要只為了升級而參與。

當然還有別種享受努力工作的方法。其中一種就是隨時提醒自己工作的目的為何。當我們工作的時候，別人將受惠於我們的付出。不管我們是否從事健康醫療事業，都能夠改善他人的生活品質。當個老師，我們也可以改變生活。即便是從事像縫製衣服這樣單調的工作，我們也該記住，這些衣服可能會幫助那些同我們兒女一般年紀的年輕人。

說到底，其實快樂工作是一種選擇，也是一念之間的取捨，當你要快樂時，無人能使你痛苦；當你沉溺在痛苦中，別人也無法給你快樂，所以快樂工作的權利是在自己的手中。

所謂快樂的心情是一種無敵的大軍，足以對付各種困難，隨時保持 HIGE 的狀態，不斷地肯定自我，並適時給自己掌聲及鼓勵。快樂工作，就是這麼 EASY。常與快樂為伍，像快樂傻瓜一樣，工作不但更充實，也更精彩！

傻瓜哲學

人生很難，那是因為你不懂裝傻

第十章 出行定律

　　出門旅行並不在乎好山好水，最主要的是對生活方式的一種體驗，對旅行心情的一種分享。來吧，就在這個週末，讓我們遠離喧囂的都市，全心投入近郊，感受魚翔淺底，雁叫長空的舒暢吧！

◆　旅途處處有美景

　　有時候，忙碌的人生，不一定美麗，而有規劃、有辦法的人生，才稱得上是一個美麗的人生。

　　蘇格拉底和拉克蘇相約，到很遠很遠的地方去遊覽一座大山。據說，那裡風景如畫。人們到了那裡，會產生一種飄飄欲仙的感覺。

　　許多年以後，兩人相遇了。他們都發現，那座山太遙遠。他們就是走一輩子，也不可能到達那個令人嚮往的地方。

　　拉克蘇頹喪地說：「我竭盡全力跑過來，結果什麼都不能看到，真叫人太傷心了！」

　　蘇格拉底撣撣長袍上的灰塵說：「這一路有許許多多美妙的風景，難道你都沒有注意到？」

　　拉克蘇一臉的尷尬神色：「我只顧朝遙遠的目標奔跑，哪有心思欣賞沿途的風景啊！」

　　「那就太遺憾了。」蘇格拉底說，「當我們追求一個遙遠的目標時，切莫忘記，旅途處處有風景！」

　　雖然人生不是一場彩排，我必須認真地過每一分鐘。但是如果你只是為了忙碌而認真，只想用忙碌來證明自己的存在，卻從來不懂得在忙碌之餘，停下腳步看看你周圍的綠地，感受窗外和煦的陽光，那你將錯過生命中許多美好的東西。

　　有時候，忙碌的人生，不一定美麗，而有規劃、有辦法的人生，才稱得上是一個美麗的人生。

　　其實，生命中有很多東西不必可以追求，很多時候，美就在你周圍。

◆ 明確旅行目的地

　　旅行結束，打道回家時，你大概會很疲勞，這時，如果有一個現成的地方在等著你，那該是一件多麼令人欣慰的事呀。

　　把旅行安排得簡單最好，旅行前的準備工作之一，是你對所要去的地方有一定的瞭解。做好旅行的第一晚上和最後一晚上的房間預訂。打點好這幾個步驟，你會感到非常舒心的。

　　一下飛機或火車就知道往哪裡去，這無疑會簡化你的生活。你只需要叫輛計程車，讓它把你帶到你事先訂好的旅館就行了。旅行結束，打道回府時，你大概會很疲勞，這時，如果有一個現成的地方在等候著你，那該是一件多麼令人欣慰的事呀。兩個住處最好離機場比較近一些，這要依你到達和離開的時間而定，安排好這兩件事，其餘時間你就可以自由自在、無牽無掛地旅行了。

　　現在，地圖的種類越來越多了，找一張合適的非常重要。比如說步行圖和汽車圖就很不一樣。而且地圖一定要清楚明瞭，最好選擇那種配有景點圖片的。有安排時間時，一定要靈活機動，因為隨時可能發生意外情況，像天氣不好啦，找不到合適的車啦。如果你沒有心理準備，到時候一定心慌意亂，不知如何應付。在遇到困難時，要懂得如何尋求幫助。

◆ 旅行並不奢侈

　　背起行囊趕快出發吧！你會真正感覺到那些美好的時光都是屬於你的——從你開始上路的那一刻起。

　　在不久前的過去，旅行還是只有少部分人才能享有的奢侈品，

它極少出現在一般人的生活當中。但在今天，人人都可以旅行，只要你高興。

外出放風箏、野餐都能讓你心情愉快。去郊外玩一次驚險刺激的笨豬跳、攀岩，去海濱玩衝浪等，都能給你帶來無窮樂趣。報紙上經常有探險者俱樂部組織的遠遊，說不定和大家去領略風光的同時，會發生一些令你永生難忘的事。

旅行就像一門教我們認識自然、認識生活以及認識我們自身的課程。加入這類課程可以讓你與其他有志於次的人士有共事的機會，也可以彼此分享一些新的想法和不同的經驗，這些想法和經驗對你會有幫助的。

也許有些人認為自己從財力來說，還沒有太多的力量來享受。實際上，旅行追求的是一種心情的放飛。

有很多人樂於旅行的日子，他們認為在那些美妙的時光中度日，真是人生一大樂事。他們再也不會為工作煩惱，不會整日憂心忡忡，他們的生活也因此發生了更大的變化。

不要再猶豫了，背起行囊趕快出發吧！你會真正感覺到那些美好的時光都是屬於你的——從你開始上路的那一刻起。

◆ 輕裝上陣

想想看，你不用再為沉甸甸的行李而煩惱，腳步輕鬆地走在陌生而新奇的鄉間小道，穿過樹林，登上雄峻高山，那該多麼令人愜意啊。

旅行時沉重的行囊對旅遊者來說，是個很大的負擔。往往是隨著旅行的繼續，你會越來越覺得它是不堪忍受的重負。特別是當你疲憊

的時候，多放一件衣服，也好像一下子重了許多，可是當你收拾行李的時候，又總是左右為難，想多帶衣服，多帶幾本路上消遣的書。明智的方法，是先把需要帶的東西分類寫在紙上，比如衣物類，清潔用品等。然後好好考慮一下，除非是非要不可的東西，其他都不帶。

衣服最好選擇深色的，因為途中衣服容易髒，又很少會有讓你從容地洗衣服並等它幹的機會。內衣可以帶上一次性的，髒了就扔掉。外套帶一件就足夠了。鞋子不宜多，因為這個很占地方。並且最好是輕便的平底鞋。如果旅程不長，書要帶一本。事實上，旅途中，你很少能安下心來讀書。我們總是會為窗外的風景和同行者有趣的談話吸引。如果你讀完了手中的那本也不用急，沿途找個地方換一本。

輕裝旅行能讓人心情舒暢。想想看，你不用再為沉甸甸的行李而煩惱，腳步輕鬆地走在陌生而新奇的鄉間小道，穿過樹林，登上雄峻高山，那該多麼令人愜意啊。

◆　選好交通工具

你可以用租小型車的錢享用豪華車，就是說，可以付小型車的車費開一輛大一點的車。

在交通工具的選擇上，想要尋求最便宜的價格乘飛機的話，千萬不要急於接受第一個航空公司或旅遊代理商的報價。好好轉一轉，比較一番。首先給你所選擇的航空公司打電話，獲得他們所能提供的最低零售價。然後，再撥通幾家可以打折的旅行社，看他們能給你提供什麼價錢。在每天報紙的旅遊版內，你可以找到各旅行社的廣告。不斷諮詢，直到滿意為止。

此外，租車旅行時，要儘量少地支付零售價，而且要好好地轉一轉，再作決定。先撥通幾家汽車出租公司的免費查詢電話，盡可能獲得它的最低報價。然後，再給當地的租車公司打電話。通常小型汽車是最便宜的，所以租它的人也比較多。經常會出現這種情況，在你去搭乘已預定好的計程車時，結果發現公司的小型車已租賃一空。這時你便可以用租小型車的錢享用豪華車，就是說，可以付小型車的車費開一輛大一點的車。

◆ 簡單就餐

在旅遊途中，如果附近沒有餐館，你可以在安靜的小溪旁，美麗的郊外，一邊欣賞景色，一邊美美吃上一頓。

旅行中的就餐問題事實上不是太大的難題。一般飯店或是餐廳的消費較高，你可以向當地人打聽一下食物可口的小飯館。

另外，可以多準備一些水、罐頭什麼的，很方便隨身攜帶。在旅遊途中，你經常會發現附近沒有餐廳。如果你準備了小菜，就用不著四處打聽，哪兒有合適的餐廳，或是乾瞪著眼餓肚皮了，你可以在安靜的小溪旁，美麗的郊外，一邊欣賞景色，一邊美美吃上一頓。

◆ 節約住宿費用

在旅途中，享受住宿費打折待遇也是一門學問，只要你懂得其中的訣竅，就能省下不小的開支，花在更有意思的地方。

旅行時在節約住宿費的方面也可以有所選擇：

以前，青年招待所只對年輕人開放，但現在已經取消了年齡限制。

住在這裡，最大的好處是由於多數人都到公共食堂吃飯，你會有很多結交新朋友的機會。一般來說，相對於其他旅館這裡的氛圍是最活躍的，你能遇見很多有趣的人，聽他們講千奇百怪的旅途見聞，還常常會遇見投機的朋友，結伴而行，有時那裡的服務也不錯。

你還可以選擇一些小旅館，價格適宜的，但不提供舒適的床位。老闆們也不會花很多錢去做大規模的廣告，想找它們會麻煩一點。如果你想選擇這樣的住宿，最好一路上多向人打聽，或是留心路邊的招牌。這些地方常常是人滿為患。所以，很少打折，除非是在旅遊淡季，旅客特別少，才有商量的餘地。不過要是你想盡可能省錢，不妨試著問一下。

可不可以花低價住比較高檔的旅館呢？事實上是可以的。那就是在旅遊淡季打折的時候。旅遊點上的所有旅館都根據季節提價或減價，在淡季旅遊，你不僅能省錢，而且還可以獲得更多的安靜與平和。有極端的旺季和淡季，也有界於兩者的不淡也不旺的季節；要弄清淡季的表現。

另一方面，如果要去商業型大都市度週末，價錢也會便宜一些，因為商人要在週末回家。如果週末有人光顧，絕大多數旅館都是很激動的，而且他們也樂於鼓動你這樣做。不管你付多少錢，對他們來說，賺總比不賺強。你還可以與那些新建旅館做交易，獲得好的住宿條件。因為它的經營者一定要首先打出名氣。怎麼才能提高知名度呢？就是透過給到他們那邊去的人大打折價，讓我們回家後把這個消息告訴我們的朋友們，以有利於他們賺錢。

如果你去遠離城市的鄉村旅行，那裡可能有便宜的客棧，如果沒有別忘記向當地的住戶求助。他們通常都會很熱心地接待你。另外，

傻瓜哲學
人生很難，那是因為你不懂裝傻

許多對外開放的公園都提供價格低廉的寄宿房間。住在那裡，空氣清新是最大的好處。天然的長跑路線吸引了不少喜歡運動的人。現在已經有越來越多的人選擇它做為最佳住所了。還有一種家庭露營房，它們通常位於臨山傍水、風景優美的地方。住在那裡，將會享受到浪漫的露營生活。每天游泳或是進行其他的水上運動，晚上可以有合適的地方燒烤，點上篝火，大家一塊兒唱歌跳舞。雖然這裡條件簡易，卻是最能讓人親近自然的地方。

在旅途中，享受住宿費打折待遇也是一門學問，只要你懂得其中的訣竅，就能省下不小的開支，花在更有意思的地方。比如品嘗當地特產，購買精美的紀念品。在旅行途中，要注意多打聽，因為一般來說，本地人更熟悉打折情況。熱心的計程車司機、市場業主都會說明你，他們是資訊靈通的人。

另外，在你決定是否討價還價之前，一定要注意留心周圍環境，旅店接待處人多不多，停車場是否擁擠。如果你沒有對局勢的判斷，貿然行事，就不會有什麼機會。通常只有在客源少，生意清淡的時候，這些地方才同意打折。在要求打折的時候，應該有禮貌，這樣從事服務業的人會儘量讓客人滿意，只要你要求合理，他就會予以滿足。

有的人總是羞於提出這樣的要求，覺得出手小氣有失體面，可事實上，勤儉節省只會讓人更尊敬你，而且這能增加與他人交流的機會，無形中也加強了你控制局勢的能力。記住，在旅遊淡季、換季的時候，很多地方都打折，而且如果你是常客、老人、學生、教師和軍人往往也能享受優惠。這時只要你主動提出，並說明理由，一般都會成功的。

如果你經常出差在外，你會發現以上的訣竅很管用。記住一條原則：大膽諮詢，廣泛尋找，直到你滿意。

第十章　出行定律

旅行不必遠行

◆　旅行不必遠行

　　休假不一定非遠行不可，一座小綠山，充滿著生態美；一條丘陵小徑，藏著生命百態，懂得彎腰屈膝，也能休一個好假來。

　　很多人喜歡把假期累積起來，來個「一起」旅行，可回來之後，就會有人抱怨「不如不去」。懂得在疲倦的時候放下工作去旅行，當然是好事，但是如果休而未休，可就得不償失了。很多人的旅行往往就是如此，休假之後反而會更累。每個人都使用多數人共同的模式休閒，除了人潮、車潮外，一無所有。這種盲目旅行休閒，毫無品質概念。放棄盲目旅行休閒，到人少的地方去，體會說休便休的快意，反其道而行的豐富。

　　一個假期，如果必須等它一年還不厭倦，那麼一定是超人；甘心平凡，累了便休息。工作多年以後，多數人都有七至十天的年休，不妨抽出其中的一兩天獨自享受假期，週一的時候，人少了、車少了、風景清幽了，諾大的大自然隨你怎麼玩。

　　有時休假不一定非遠行不可，去往家周邊的綠境，一座小綠山，充滿著生態美；一條丘陵小徑，藏著生命百態，懂得彎腰屈膝，也能休一個好假來。

◆　隨性去旅行

　　假期應是完全脫離塵世，特別安靜的時間，用來修補破碎的生活，調整自我，創造優雅與活力。

　　隨性瀟灑地享受旅行，是一件快活的事，任誰都願意！很多上班族每年都會空出一些假期，花一點時間，四處走走逛逛，捕捉

人間閒情。

　　有社會學家指出，忙碌的上班族，一年至少得有一次七天以上的長休假，三次三天兩夜或者五天四夜的中休假，以及不計次數的短休假。假期應是完全脫離塵世，特別安靜的時間，用來修補破碎的生活，調整自我，創造優雅與活力。

　　現在用快樂傻瓜的旅行方式安排假期：

　　訂下一個計畫，每年去一兩個地方，深度走一回。也可以考慮定點旅遊的方式，讓心情放逐在小島上幾天，享受藍天綠草、蔚藍海洋的浪漫。

　　五天四國、七天十國的行程，太多緊湊，像是趕集，大人吃不消，小孩受不了，只是多累了幾分，一點休閒的甜味也沒有，何苦來呢？

　　五天逛一個城市，一定很輕鬆、逍遙、自在！

　　不要去娛樂場所，大型的遊樂場，孩子滿意，大人傷神，回家一無所獲，埋怨比快活還多，常常不如預期，從休閒的角度看，往往得不償失。

　　選一個與目前生活方式完全不同的度假行程：比如說，漁村三日遊、農村二日遊、這種旅行方式，可以靜觀世界，返回童真，享受人間好生活。

　　這就是與眾不同的快樂傻瓜旅行。

◆　嘗試歷險旅遊

　　如果自己設計路線，總的說來花費不會太大。因為這樣省去了很多交通費，也不會因為租不到合適的車而耽誤時間。

很多人旅行都是為了欣賞美景，交朋友，所以住舒適的旅店，乘坐豪華遊覽車。其實做歷險旅遊，雖然要吃點苦頭，卻很能鍛鍊人的意志。歷險旅遊可以徒步，也可以騎自行車或摩托車。如果自己設計路線，總體來說花費不會很大。因為這樣省去了很多交通費，也不會因為租不到合適的車而耽誤時間。因為條件簡陋，安全問題對歷險旅遊者來說特別重要。比如說登山，一定要帶到足夠必備的工具，注意防滑，在發生意外時，能進行自救；而騎車歷險，要選擇合適的路線，到了一個地方，就向當地人打聽情況。有的道路在冬季不宜行駛，如果你事先不瞭解情況，就會處境危險。所以要事先打聽好為宜。

◆ 帶著孩子上路

孩子們喜歡新奇，多帶他們出去看看，小孩子看待事物的方式跟成人不一樣，和他們在一起，你會發現以前忽略了很多很有意思的東西。

也帶孩子一塊去旅行吧，可以讓他們學到不少東西。孩子們喜歡新奇，多帶他們出去看看，小孩子看待事物的方式跟成人不一樣，和他們在一起，你會發現以前忽略了很多很有意思的東西。而且在旅途中，朝夕相處會大大增進你們的感情。雖然因為總是要照顧他們而覺得累，但在一起他們給你帶來的歡樂，是無法用語言來形容的。

在夕陽西下的時候，和孩子們一起奔跑跳躍，大聲喊叫。晚上，在星光下唱歌，跳著自編的笨拙的舞蹈，你會感覺好像又回到了童年，如果說曾經有那麼一刻，你領略到了天堂的美景，那一定就是在那個時候。

再與孩子一起體會大自然香草四溢的香味，這樣，會使你找回童年曾有的浪漫，讓你在機械化嚴重的社會，又重新引動一種美好。

經常遊走山林，吸吮一口清純的香氣吧，你家離山遠嗎？不遠，就帶著孩子趕快去吧！

◆ 時時回歸自然

去感受一下清新的風、流動的水，聽一聽花的低語、鳥的歌唱，你會發現，快樂其實就如山間的野草莓，自然的知更鳥叫，從來就不曾消失過。

由於生活節奏的加快，我們大多數把自己圈在汽車、辦公室、家中或是自己的思想圈套裡，以致我們很好親近自然。最終的結果是，我們感到和這個世界疏遠了。這對於身心放鬆毫無益處。

徐志摩曾說過：

我們總是忙，忙得連大自然的物換星移都不注意了。可是一旦遠離了自然，人就像離開了泥土的花草，就像離開了水的魚，怎麼也不能鮮活。

他在對康橋的回憶中，描述了他對於風景的享受方式，騎腳踏車、撐篙、散步，甚至在草地打滾，只要往大自然裡去，人就會發現：「生活絕不是我們大多數人僅僅從自身經驗想像的那樣黯淡。」

創作著名的《荒漠甘泉》的卡門夫人，有一天心情陷入低潮，他感覺人生黯淡，便開始靜靜地禱告。

很意外的是，在寒冬裡，她居然聽見了知更鳥的聲音，這不是知更鳥會出現的季節，也不像是幻覺，那聲音如此真實。

第十章　出行定律
時時回歸自然

　　原來，那聲音是暖爐裡燃燒著的樹枝發出來的。在春夏之際，充分地吸收大自然養分的樹枝，同時也聽進了大自然的聲音；當冬天來到，它不但記錄了夏天的陽光，提供人們溫暖，還記憶了知更鳥婉轉的聲音。

　　自然的知更鳥的聲音，樹枝的生命，從來就不曾消失，只是以不同的方式藏匿起來了，就像快樂的心情，不是嗎？

　　卡門夫人在發現這個大自然裡最奇特美妙的事情之後，心中的抑鬱頓時全消。

　　常常投入大自然的懷抱吧！去感受一下清新的風、流動的水，聽一聽花的低語、鳥的歌唱，你會發現，快樂其實就像山間的野草莓，自然的知更鳥叫，從來就不曾消失過。

傻瓜哲學

人生很難，那是因為你不懂裝傻

第十一章 安居定律

章首導言：

　　一個人應當有快樂，快樂是什麼？是歌聲，是翅膀，是春天的暖風和冬天的瑞雪，是被低吟的短詩，是熱唇上的輕吻，是無論如何也不會忘記的美好往事和時光。

◆ 放緩行動的步履

忙碌，是無所事事的人製造的假像；忙碌，是一無所有的人騙人的伎倆。

忙碌煩躁，是多數人生活的寫照。每天忙碌、越忙碌，就越覺得生活茫然。於是，盲目、忙碌、茫然，成天晃來晃去，累了煩了，卻還是擺脫不了。

忙碌已經不是一種狀況，而是成為了一種病態。沒人樂意忙碌，但不忙碌又感覺空虛，就怕自己會落伍，會被這個社會淘汰。

英國哲學家兼詩人泰瑞登說得好：忙碌，是無所事事的人製造的假像；忙碌，是一無所有的人騙人的伎倆。

為何不放慢行動靜下心來想想：是該把目標定得過高，每天每年忙於追求呢？還是應自在地度過每一天，細細品味其中的甘苦？

喜好登山的人都知道，登山的目的不全在於登頂，而著重在於攀登中的觀賞、感受與互動。但是仍有不少登山者的目的就是登頂，而忽略了沿途的風光。一旦因故登不了頂，前者的收穫仍是滿滿的，而後者就只有惆悵。

人生就像登山，別忘了時常停下腳步，賞賞花草，望望雲彩。自在地度過每一天，也不枉此一生。

◆ 豐富你的快樂

無論是窮人還是富人，他們在對幸福的感受方面其實並無太大的差別。因此，享受生命快樂的捷徑便是：如果你喜歡並且願意。

我們既然來到世上，就有理由充分地享受生命的快樂。這並不意

味著一定需要許多物質因素的支援，因為無論是窮人還是富人，他們在對幸福的感受方面其實並無太大的差別。因此，享受生命快樂的捷徑便是：如果你喜歡並且願意。

邀一幫讀書時的好友，每年夏天選一個風和日麗的下午聚會，帶上啤酒、燒烤，在寬闊的草地上無拘無束地暢談各自的生活，或是回憶以前相處的情景。那時候，每個人都會很快樂，大家好像回到了無憂無慮的年青時代，當然，更有意義的是，朋友之間的友誼也會因而長久保留下來。

曾聽說有這樣一對夫婦，他們留出固定的時候，一起偎坐在沙發裡，彼此提出一大堆與自己有關的問題，並各自談一談哪些問題對自己是重要的。一方發表意見時，另一方只能聽不能評論。這個簡單的慣例使他們保持了親密的情感，而且，還向他們展示，在這個特殊的時刻，他們都是十分重要的。

當你預料即將來臨的一段時間的工作很忙時，建議你寫幾張充滿愛意的賀卡，貼上郵票，隨時帶在身邊，在你覺得有必要相互溝通，但又因工作太忙而抽不出時間時，就把它寄給你所愛的人。其實，豐富你的快樂就是這樣簡單。

◆ 編織快樂家園

家是港灣，可以用來泊靠，忙碌的我們，快成了飄蕩的小舟，少了一處可以停靠的岸，人都成了流浪漢。

莎士比亞說得好：「家比什麼地方都好！」

但是上班一族，在努力經營事業，翹首盼著升官，關心薪水之外，

傻瓜哲學
人生很難，那是因為你不懂裝傻

卻漸漸忘了家的存在，很少人把心思放在自己的小窩上，進而忽略了它與人之間的密切關係。

家是港灣，可以用來停靠，忙碌的我們，快成了飄蕩的小舟，少了一處可以停靠的岸，人都成了流浪漢。所以，家需要用心編織，別老等到某種觸動才開始。

一成不變的家，會使人陷入空洞的迷思中，彷彿一種儀式，進行著某種出場、入場的戲碼。變換，是浪漫的佐料，家需要這種美妙的元素，天天有變化，日日現驚奇。替家換妝，窗簾、桌巾、茶几等等，經常更換；牆壁、浴室到了必須換妝的年限，要考慮換上不同的顏色。

事實上，家庭的擺設對人的影響最大。

心理學家指出：

觀看一個人的家庭擺設，可以明白他當時的心理狀態。凌亂的家，表示主人心情起伏不定；簡單素雅的家，表示主人淡然處之的心境；留空很多的家，表示主人很有包容力；書畫滿室的家，表示主人很有藝術修養。小小一間房間會顯現出許多潛意識裡的心理祕密。

需要注意的是，客廳是家的生活重心，必須好好設計佈置一下。嫌它小，建議把茶几移開，視覺上至少多出兩坪，動線明暢、沒有被割裂的感覺。如果家人不算多，餐桌何妨考慮小一點的，讓客廳變得大一點。如果你喜歡花，可以擺一束花在客廳，會增添心情的美感；喜歡盆景，可以買一盆心動的盆景觀賞。

再說一說走廊。走廊絕不只是走路的地方，它也可以成為心情的驛站。用心設計一下，上方擺著滿滿的書，書架的下方再設計一條滑動的軌道，掛滿買來的各種畫作，夜來無事，投影燈直射畫中，彷彿置身藝廊，美不勝收。

最後說一下陽臺。陽臺的功能是晾曬衣服與貯存雜物，很浪費，用錢買來的空間，不能讓它閒置於此，晾衣服無法避免，但成堆雜物可以，找一天把雜物整理一遍，該回收的回收，該轉贈的轉贈，還它一片空地。擺放一些月季或君子蘭，閒來無事，高腳椅一擺，快意喝杯茶。

所以用心在家的經營上吧，會使你的心情變得更好。快樂傻瓜的日子神仙都羨慕，就盡情地享受生活吧。

◆ 把身與心都帶回家

別忘了，家是個溫柔的窩，回家之後，記得把心思放在家裡，用心經營回家後的自己。

往往就是這樣，有時看似很難的事情其實很容易辦好，而有時看似很容易的事情卻很難辦到，譬如回家。回家有什麼難的？回家不難，但要身心都回家卻很難！有很多人，為了錢，寧可加班拼命，也不回家；有一些人，回家了，卻「身在曹營心在漢」，惦記著公司裡的一切；只有少數一些人，身在心在。不回家的人回家吧！別忘了，家是個溫柔的窩，回家之後，記得把心思放在家裡，用心經營回家後的自己。

戒掉加班的習慣，把下班的時間還給家人，準時回家，成就新生活運動。現在早回家，孩子會當你是寶貝的。

拒絕一些不必要的應酬，喝酒應酬，傷神又傷肝，不去也罷。但這並非表示你會沒朋友，而是把酒友改成了球友、山友、花友、溫泉泡湯友，與家人為友。時間有限，來了這個，去了那個，你必須有所決定。與其應酬，不如回家。

可以培養新習慣。每個人都有一些固定且一成不變的習慣，比方說，脫衣服、開電視、蹺二郎腿，這些習慣常常讓生活變得僵化，最好的方式就是改變它。每天給自己一種新生活，今天看電視，明天聽音樂，後天看星星；有時陪孩子聊天，有時一起去逛街，有時聽聽風聲水起的曼妙，不要像輪盤，轉來轉去一個樣。

接著，回家的角色不應該再是公司裡的總經理、副經理、記者、編輯等等，而是家長或者自己。回家了，就應該把雜事拋至九霄雲外，用心整理出更好的自己，像快樂傻瓜一樣演繹明天更美好快樂的生活。

◆ 讀寫快樂日記

當我們賞識一些東西時，我們同時也增添和強調了它們在我們生命中的可貴性。

很多人有時很想翻看過去的日記，來回顧這一路走來的「生活寫真」，但事實上失望者居多，因為他們很少寫日記。雖然曾留下兩、三本「有始有終」的日記本，但流水帳式的內容對心緒的調節並未起多大作用。

當我們對生活感到愉快、滿意，並且全心投入的時候，其實很少會萌生寫日記的心理需求。所以日記本裡面滿載的，大多是心緒低潮時對人、事的種種負面想法。人生也許有千百種顏色，但人在心情不佳、感到疲倦困乏的時候，常只會選擇性地專注於灰、黑兩種顏色。當我們在閱讀日記的時候，便等於再一次囚泳於負面、灰暗的記憶中。這樣的閱讀經驗，充其量只能當作生活的反面教材，卻並非愉快、具有建設性的回憶。近來雜誌上有一則極佳的生活：建議：每個人都該

擁有一部快樂日記。每晚，寫下五則當天你感到快樂的事情。

這樣做會讓你逐漸改變對每一天和整個人生的想法。借著專注於生活中的好事，改變專注的角度，你會漸漸地發現，其實我們每天都由上蒼得到許多的禮物：或許只是陌生人的一嚇，讀到一本好書，買到自己喜歡的東西，與朋友們愉快地聊天，晴朗的好天氣……專注於生活中的好事，而且懂得感謝，並不代表盲目樂觀，它只是讓人把注意力放在生活中正面的事情上，免於陷入習慣性的疲乏中，以及對負面環境和心境的沉溺。

對有著習慣抱怨的人來說，這是個轉換視角、更新觀念的好辦法。人如果總是對自己所沒有的東西耿耿於懷，就永遠不會感到滿足，總是難以開懷。當我們不感激某樣東西，我們等於貶低或看輕這樣東西的價值，所表現出來的情緒是不贊同它，或不喜歡它。但如果我們感激某人某事，我們便會以欣賞和美言來增加此人或此事物的價值。當我們賞識一些東西時，我們同時也增添和強調了它們在我們生命中的可貴性。

人生的疲倦常不是來自工作和生活壓力，而是對負面想法的專注與憤懣興趣的執著。懂得珍惜現有，停止把生命中的種種看成是一件理所當然的事，便可領悟到人生原來是多麼豐盛，多姿多彩，處處都充滿機會，隨時都可以採集到快樂。並能夠體會到快樂不過是一種懂得感恩、懂得欣賞的心態。

◆ 享受閱讀

閱讀是一種享受，對於愛書人來說，到書店讀書、選書時，就像

傻瓜哲學
人生很難，那是因為你不懂裝傻

「尋找理想中的戀人」一樣，常是充滿驚喜與樂趣的。

我們平日到琳瑯滿目、占地數層的大型書店閒逛時常會發現，圖書大廈人流湧動、摩肩接踵的盛況，比起百貨公司的人潮，真是有過之而無不及。仔細想想，對於懂得讀書樂趣的人來說，閱讀不僅價錢便宜，更是一劑解除都市生活寂寞、消磨時間的最佳藥石呢！

一項研究顯示，如果你每天閱讀六十分鐘，一星期便可以閱讀一本書，一年就可以讀五十二本書，三年之後，你便可以成為某一領域中的權威。當然，你要確保你讀的每一本都是精華而非糟粕。五年後，你當然就成了一位專家；七年後，你將成為該行業中的佼佼者；十年後，你已讀過五百二十本書，獲得五百二十位專家學者的寶貴知識，無論在個人的工作或是生活上，都能夠給你帶來相當的優勢與好處。這不僅適用於專業的學習，也適用於健康、理財、經商、人身修養、哲學、傳記等個人有興趣、有需要的所有專案。

懂得善用閱讀的人，可以使生活過得更精緻、充實，也更充滿樂趣。

很少遊戲能夠像閱讀一樣，不需同伴又獨自可玩，不僅沒有年齡的限制，而且可以隨時隨地開始，碰到要緊事也能夠隨時放下的好處。一本好書、一杯熱飲，也常是失眠的夜、難熬的生病時、寸步難行的颱風天裡的最佳良伴。在物價節節上漲的今日，假日裡上街看場電影、吃頓夜市小吃，千元大鈔就所省無幾了；朋友們結伴吃吃飯唱唱歌，幾小時下來至少也要幾百上千。但一本讓你熱血沸騰、頻頻閱讀的《三國演義》，花費不過其中的幾分之一，更何況，它還能永久保存，值得你一再反覆閱讀呢！

閱讀是一種享受，對於愛書人來說，到書店讀書、選書時，就像

「尋找理想中的戀人」一樣，常是充滿驚喜與樂趣的。更何況，書中短短的一句甚至關鍵的一字，常常能給思緒滯塞的你開啟一扇新窗、一個觀看世界的新角度、一種對生活的新靈感，再怎麼說，這都是值回票價的！

◆ 享受孩子的歡顏

在小孩往往以一種毫無負擔的口吻述說這些校園芝麻小事時，他們的臉上佈滿了快樂笑容，交織著歡愉的神情。

當你在院子裡的泥土中埋下芒果種子後，你總會滿懷期待，真希望當天就能從樹上摘下這些果實，好好享用它。

希望歸希望，現實卻永遠是現實，屆時它會長到多高，多茂盛，能不能如你所願結出一大堆香噴噴的芒果，誰也不知道！

或許你也對家裡的孩子實施了好一陣子的「愛 +EQ」的教育。但往後，他們的成長是否一定遵循你的調教模式，發展出一個令人喜悅的樣子？答案恐怕也是一個 x 的 n 次方，一個難以推算的未知數。

大多數小孩子的私有天地，多半是樂不可支的。除了學習考試是唯一壓力外，其他如學校的課外活動，同學間的可笑事情，老師的言行舉止，或自己崇拜偶像的幕後新聞之類，都會是他們引爆歡笑的種子。

在小孩往往以一種毫無負擔的口吻述說這些校園芝麻小事時，他們的臉上佈滿了快樂笑容，交織著歡愉的神情。

而快樂的曼妙方程式，你可以依下列方式獲得正解——

從現在開始要求孩子，每天晚餐時告訴你一件快樂的事。譬如老

傻瓜哲學
人生很難，那是因為你不懂裝傻

師的口頭嘉許，同學請吃霜淇淋，小朋友祝賀生日、節日，或走廊上撿到錢立刻送交老師處理獲得表揚等等。即使無什麼特別的事，也可將觀察點「放」到更細微處，如：今天學校給每個同學發了一瓶汽水，午餐吃了漢堡包，還有一顆大奇異果耶！

　　三個月後，你不妨再加重要求。開始要求他每天至少告訴你兩件校裡校外令他感到興奮的事情。

　　在經由你這門「愛 +EQ」的獨特溝通教育後，孩子很容易從日常生活當中「發掘」出令他快樂的因數。就算老師常常找他做些跑腿工作，他一樣能將這種「額外負擔」自動轉化成「老師的器重」。

　　看到了孩子臉上因述說著芝麻綠豆的快樂事而興奮的神情，觀察到小孩愈來愈懂得凡事以正面態度應對，轉化所謂的麻煩和煩惱，這樣子的快樂心境，你將很快跟著享受到。

　　這樣，你就再也不必抱著栽種芒果樹一般，那麼遙不可及的期許了。你就達到快樂傻瓜一樣的快樂了。

第十二章 心靈定律

　　快樂的傻瓜總是心平氣和，笑容燦爛，永遠不會跟是非沾邊兒，因為他做得到凡事一笑置之。人生萬事變化莫測，快樂的日子實在要珍惜，為什麼總要有發自心底的惆悵？

　　心胸怨氣過多，面目必將醜陋。

◆ 克服不良情緒

　　無論是生活在喧鬧的都市，還是生活在寧靜的山村，都應迅速按環境的變化調整生活的節奏，使身體迅速適應新的環境需要。

　　你是否患有情感症？

　　在日常生活中，個人情緒的起伏是不可避免的。我們每個人都有這樣的體驗：有時你情緒特別好，神清氣爽，幹勁十足，對人對事以至對周圍都充滿了興趣與希望。而有時候，你的情緒特別低落。當然，對一般人來說，像這種歡樂與悲哀的兩極性的生活經驗是很短暫的，平常的情緒狀態多處於兩個極端之間，隨生活情境的變化而略有變化。但如果一個人的情緒狀態經常處於某一極端，不是極度消沉，就是極度興奮，或者只在兩者之間變換，那就是心理異常中的情感症了。情感症一般有三種：

憂鬱症

　　當某人的情緒長期陷於低落的極端時，這就是憂鬱症或抑鬱症。根據研究，約有 25% 的女性經歷過抑鬱症的痛苦，男性約為 10%。多數患者在 1-3 個月內不藥而癒，但愈後有可能發作。為什麼女性的比例比男性要高出 2 倍，心理學家認為，這主要是與這些人遭遇生活困難時所採取的適應策略有關。男性一般生活面廣，遇到困難時可以向逆向思維方向轉移，透過其他活動而使情緒轉移。而女性則生活面較窄，喜歡鑽牛角尖，並喜歡向他人訴苦抱怨，使得情緒不能自行緩解，造成適應上的困難。

　　在認識方面，這種人對人對自己，對待事物以及整個世界都持有一種負面的想法與看法。對自己，抱怨自己無能、失敗，因而喪失自

第十二章 心靈定律
克服不良情緒

尊心，而陷入極度的自卑感中；對他人、對世事，態度冷漠，不關心；對未來，充滿了悲觀與絕望。

在動機方面，這種人對任何事物都喪失主動的興趣和意願。他們生活中的任何活動完全處於被動；如果這種被動的外力消失了，他們將處於極度孤獨的困境中，可能獨自呆坐一隅，連續幾小時一動不動。

在情緒方面，這種人長期陷於情緒低落，在痛苦絕望中，時常存在以自殺解脫痛苦的念頭。喪失原來生活中的享受與樂趣，對工作缺乏幹勁，飲食缺乏胃口，沒有愛好和娛樂，甚至對家庭中最親近的人也感到厭煩。在他們生活中，只有痛苦，沒有快樂。

在生理方面，這種人容易表現出體重下降、睡眠失常、四肢無力、易感疲勞、胃口喪失等症狀。這些症狀有礙於身體健康，會加重他們的憂鬱而形成惡性循環。

狂躁症

與憂鬱症相反，當個體的情緒陷入極度興奮這一極端時，這就是狂躁症。在情感症的三種心理異常中，單純有狂躁症的人很少。

躁鬱症

當個體的情緒極不穩定，有時極度興奮，有時極度低落時，可能就是患上了躁鬱症。躁鬱症是種兩極性的情感，症狀上具有憂鬱症與狂躁症兩者的特徵，當情緒轉向狂躁這一極端時，個體極為興奮，精力充沛，睡眠不足，整日忙碌不停，好說話且誇大其辭，愛管閒事，喜歡干涉別人和支配別人，兼有攻擊傾向。吸煙飲酒者，其煙量與酒量均倍增，口出狂言，不負責任。而躁鬱症的人興奮情緒狀態，只能維持一段時間，可能在突然間就轉入另一極端，陷入極度憂鬱狀態。

因此，對於精神心理健康，可用三個標誌來衡量：

第一、對生活充滿熱愛，充滿嚮往，覺得生活充滿樂趣。這種對生活的熱情，不僅表現為勇於工作，勤奮學習，還表現在注重體形的健美鍛鍊與面容的保持與修飾。

第二、情緒穩定，不管面對怎樣的逆境，遭受怎樣的打擊都能保持愉快的心境，充沛的精力和奮發向上的朝氣。

第三、有較強的適應能力。無論是生活在喧鬧的都市，還是生活在寧靜的山村，無論坐在辦公室裡處理公務，還是在田間勞動，都能迅速按環境的變化調整生活的節奏，使身體迅速適應新的環境需要。

能做到以上幾點就不至於給健康帶來不良的影響了，就能像快樂的傻瓜那樣健康的過生活了。

◆ 避免精神崩潰

精神崩潰只是表示你受不住過重的負擔，並不是力弱的表現，因而不要因為這樣而慚愧。

每一個時代總有一種病，精神崩潰。

精神崩潰可分為兩種：一種是真正的精神崩潰。好比電話總局被炸，電線全被破壞，電話總局不得不停止營業，因為它的機構，基本已經受傷了。第二種的精神崩潰並不是真正的精神崩潰，與神經沒有關係。就如電話總局的機構是完整的，只是由於電務上過分忙碌而使不太堅固的構造出了毛病，甚至影響到全部組織，不能通話，因而得暫時停止整修。

所以，一個人的工作過於忙碌，忙得無法完成他的工作的時候，

或當他的神經中樞讓一種嚴重的疾病破壞了的時候，那情形就如同上面兩種精神崩潰一樣。

精神崩潰的病況很複雜，純屬於身體方面和純屬精神方面的都有。其中畏懼占最高地位。有些人在失去了金錢或愛人之後，便有精神崩潰的危險；因為他們的生活一向是建築在金錢給他們的自尊，和愛人給他們的自信上的，一旦失去金錢和愛人的支持，他們就很難生活下去而有精神崩潰的危險，主要原因是他們畏懼在將來生活戰鬥中，危險襲來的時候，沒有別的武器可以抵擋。精神崩潰的發生，有時候，發生在高中或大學畢業的前後；或正打算要做一件重要的任務之前，或默想到了老年要依靠親戚生活的時候，或在大病之後，想到權利能力全衰退了，將來如何生活的時候。

精神崩潰只是表示你受不住過重的負擔，並不是力弱的表現，因而不要因為這樣而慚愧。要知道，它是可以慢慢好起來的。而醫治它的方法，就是用瞭解、激勵和啟發，重新評定自己的價值，重新回到人群和工作中去，回到娛樂的愛情的世界裡面去。

內心總是矛盾，也是精神崩潰的一種重要原因。

心理學家佛洛伊德認為：每一個正常的人，分析起來，有三個「我」，即「本我」、「超我」、「自我」，也就是「動物的我」、「社會的我」和「個人的我」。一個正常的快樂的人，既不否認自己的動物特性，也必須改變某種原始需要來符合人群社會的道德標準，他是由上述三個「我」完成一個共同的人。但真正充分成功的正常人是並不多的，大多數的人是不曾完全馴化，所以不能合作，要吃要戀愛的時候，也不願遵照人類社會的道德標準去求得，於是犯下各種的罪惡。所有罪惡只是人的內心矛盾——「動物的我」和「社會的我」二者之

間的矛盾，最後「動物的我」占了上風的緣故。

　　雖然有些人已經把「動物的我」馴化得很好，能嚴格地依照道德和規章做，但在內心仍避免不了苦悶和矛盾的鬥爭。還有些人，因為他們的「個人的我」不能和現實調和，內心也充滿著矛盾的苦悶。比如一個感覺自己下賤的年輕女人為贖罪而決定做一個聖人，這樣就與「動物的我」和「社會的我」發生了矛盾。

　　矛盾心理很多，如果不能得到正確的疏導就會過激而變相。

　　虛偽的矛盾心理更會產生嚴重的後果。假如你的「動物的我」和「社會的我」都認為你應該結婚，而在你「個人的我」的判斷，以為結婚是很大的危險，你為避免這種危險，就是不結婚；但是你又要滿足你的「動物的我」和「社會的我」。於是你想出了一個妥協的方法──你同時和兩個人戀愛。這不僅是兩個「我」之間的矛盾，實是一種精神病的佈置，不但達不到妥協的目的，而且將會發生莫大的危險。

　　人生矛盾的種類還有很多。如「動物的我」的慾望和「社會的我」的法律之間，有的是矛盾的；自己的立身和對於父母、國家的責任之間，有的是矛盾的。此外如自己是殘暴的卻想得到人家的愛；拼命賺錢而又拼命花錢；又要高貴而又要驕傲；又要勇敢而又要安全；凡此種種都是自相矛盾的。.

　　人一旦有了矛盾的心理的病，生活便十分苦惱和不幸，常會發生神經衰弱、不消化、失眠、怕見別人、怕和有權威的人交談以及意志消沉等情形。所以你要使你的身心快樂健康，就非解決你內心的矛盾不可。

　　要醫治矛盾的最好辦法，必定要先完全明白發生的原因，從根本

上去著手。要承認使你生存的動物本性，含著使你生存的社會標準，再使個人的慾望，適應現實的環境，如此就可避免種種的矛盾心理，從而得到人生真正的愉快和幸福。

◆ 壓制心中怒火

不要「唯我獨尊」，應該利用憤怒時所用的精力，去避免生活的困難和工作的妨礙，這才是正常的辦法。

一切有壞脾氣的人，無論男的女的，幾乎都是從兒童時候帶來的。有了壞脾氣，對於他或她的身體有不好的影響，它會破壞消化功能，增高血壓，燃燒筋骨裡的糖質，致使排泄失常。許多人常常壓制憤怒的外向表現，實際上這樣做的結果比憤怒向外表現更加不好。倘若壓制憤怒向外表現的感情，你只是增加那些不良的影響在內發展，那時，你的心會跳的更快，你的筋肉會收縮得更厲害；你的內心分泌激怒的物質滲入到血液裡去，不讓他們工作；你的內臟系統，會給異常的分泌物擾亂。本來應該開放情感的出路，結果卻依然是關閉的。

有些人終身壓抑他們的怒火，以借此表示人格的高尚，殊不知傷害人格最厲害的，莫過如此。因為終有一天，可怕的精神爆發必會到來的。那時他所發出來的憤怒，其可怕的程度，是難以想像的。有些正常的人，有時候為求精神的健康起見，有「放氣」的必要。比如在足球場中歡呼，在電影院裡狂叫或是捧腹大笑。一般而言，發脾氣的人，主要有兩種不同的原因：一是借助發脾氣來滿足個人的慾望；一是由於日常生活中微小的困難和妨礙所致。

第一種人的品性，根本已經變壞，他還以為像孩子時代一樣，只

要大叫一聲，發一頓脾氣，就可得到心裡想要得到的東西；他不知道在大人圈子裡，已經不能照這一原則維持下去了。醫治這樣的人的脾氣，也不是平常的壓抑可以見效的。

至於第二種人，只要使他明白：如果僅僅為了生活上的一些小困難妨礙而常常發脾氣，則他的妻子、兒女固然對他有畏懼，但是和他平等的同事和朋友們都將遠離他，讓他一個人去發他的脾氣吧！再沒有一人願意和他接近。無論是誰，對於常發脾氣的人總是不喜歡的。所以這樣的人應該明智，他的辦法並不是「唯我獨尊」的，應利用那憤怒時所用的精力，去避免生活的困難和工作的妨礙，這才是正常的辦法。否則，發一通脾氣，會徒然使自己的精神和人格破產，從而得不償失。

不能明白這個道理，不能做到這地步，是很難醫好脾氣的，也就不能做到像傻瓜一樣快樂了。

◆ 拒絕沉迷

沉迷往往與糟糕的事物聯繫在一起，一旦你沉迷於某種事物，不是你毀了某種事物，便是讓那種事物毀了你。

物欲橫流的社會，有許多人往往把持不住自己，陷入沉迷。沉迷往往與糟糕的事物聯繫在一起，酗酒、賭博甚至吸毒。一旦你沉迷於某種事物，不是你毀了某種事物，便是讓那種事物毀了你。拒絕沉迷意味著適度，不要只沉醉於一件事，這不光指飲酒吸煙等公認的壞習慣，而是指做任何事情都要避免過度。

就運動來說，一種研究表明：適度的運動可以提高身體的免疫力。

然而，那些正規的運動員，如馬拉松長跑者，卻比一般人容易得感冒或容易感染。統計數字表明，許多曾有過輝煌成就的職業運動員，他們往往並不像人們想像得那麼健康，他們之中長壽的比例甚至遠低於普通人。如果我們既能夠堅持鍛鍊能又同時照顧自己的身體，那麼，我們所能達到的身體和心理健康狀態要比在傳統競技體育運動所提倡的目標導向的運動下所能達到的狀態好得多。

　　想想看，有的人一聽說他們應該鍛鍊身體，於是就出去跑呀跑，直到跑到疲倦為止，累得甚至影響了工作與家務；有的人則玩命地節食，以致得了厭食症；有人極端地關注飲食衛生，甚至連別人家的飯都不敢吃……且慢，讓我們記住我們的本意吧，我們培養愛好，是為了讓我們的生活更加簡單、隨心、愜意，而不是讓這些東西捆住手腳。有益的東西，要適度；有害的東西，要戒除。所以，要拒絕沉迷。

◆ 以「笑」為藥

　　笑1分鐘相當於一個人進行45分鐘的遲緩鍛鍊，從這種意義上講，笑可以看成是源源不盡的治病資源。

　　笑，是最便宜的靈丹妙藥。把笑作為治療方法聽起來好像是不可能的，但越來越多的醫生對這種新的治療方法寄予莫大的希望。例如德國科隆大學醫院已經採用笑療治疾病。尤其是有一種方法給小孩治療。威斯巴登和柏林也在採用笑療法。在美國和英國，醫療保險公司已經承擔採用笑療法的費用，在採用笑療法時，有意識地透過動畫片和喜劇甚至透過小丑讓病人放聲大笑。採用這種療法取得的結果令人驚訝。在紐約西奈醫療中心進行的研究結果表明：笑療法使病人的免

疫力得到加強，可以更快和更有效地消除疾病中的氧指標升高。科隆大學免疫生物研究所的烏倫克教授認為，這是「一種理想的心臟和血液迴圈鍛鍊，它對患心肌梗塞和癌症病人的治療過程非常重要。」笑對疾病的治療過程更重要：在發出高興的笑聲時，體內會產生更多的免疫物質。當一個人看完一部滑稽電影，血液中的殺傷細菌和抗體的物質數量明顯增加。

　　笑能增強人的幸福感，會消除削弱防禦能力的不良情緒。這也許是笑療法為什麼在治療與精神有關的疾病，如偏頭痛、哮喘、男子性生活障礙和神經性皮膚病的時候，能夠取得好效果的原因之一。笑往往是對擺脫緊張、恐懼或憂慮作出的反應。發出笑聲的人會輕鬆。笑1分鐘相當於一個人進行45分鐘的遲緩鍛鍊，從這種意義上講，笑可看成是源源不盡的治病資源。在同動物或對手搏鬥和競爭之後放聲大笑，會幫助我們使身體放鬆和增強免疫系統。這是生存鬥爭中的一個重要常識。

　　總之，放聲大笑能促進我們的健康，或者正如哲學家羅素所說，笑是最便宜的靈丹妙藥，是一種萬能藥。

◆　放鬆、放鬆、再放鬆

　　可以不停地說著「放鬆」，同時慢慢地放鬆你的身體，從頭到腳，一步步地完全放鬆，直至心靈。

　　什麼心理因素會影響到坐著不動的工作者，從而使他們疲勞呢？是快樂？是滿足嗎？不是的，絕不是這樣！而是煩悶、怨恨，一種不受欣賞的感覺，一種無用的感覺，太過匆忙、怨恨，太過焦急、憂

慮——這些都是使那些坐著工作的人筋疲力盡的心理因素，使他容易感冒，減少他的工作成績，而且會讓他回家的時候帶著神經性的頭痛。不錯，我們之所以感到疲勞，是因為我們的情緒使我們的身體緊張。

有時候我們在思考的時候，會產生這些不必要的緊張。幾乎所有的人都相信愈是困難的工作，愈是要有一種用力的感覺，否則做出來的成績就不夠好。所以我們一集中精神就皺起眉頭，聳起肩膀，根本沒有絲毫幫助。那麼，碰到這種情況，應該怎麼辦呢？要放鬆！放鬆！再放鬆！要學會在工作裡放鬆，在生活裡放鬆，放鬆身體，放鬆心靈。

有時這很難，你恐怕得把你做了一輩子的習慣都改過來。可是花這種力氣有時是值得的，因為這樣可以使你的生活起根本性的變化。有時我們過度緊張、坐立不安、著急以及緊張痛苦的表情是種壞習慣，是不折不扣的壞習慣。放鬆是一種習慣，去除緊張等壞習慣，養成放鬆的好習慣。

但是怎樣才能放鬆呢？是該先從思想開始，還是該從神經開始呢？兩者都不是，放鬆你的肌肉，任何地方你也能夠放鬆，只是不要花力氣去讓你自己放鬆。所以，緊張而不快樂的人放鬆吧，消除所有的緊張和力氣，只想著舒適和放鬆。可以不停地說著「放鬆」，同時慢慢地放鬆你的身體，從頭到腳，一步步地完全放鬆，直至心靈。

◆ 效名人快樂養生

在健康意識日益增強的今天，午睡的保健意義已為人們普遍重視，條件允許的話，每個人都應在午飯後小睡片刻。

失眠，是許多作家的職業病和「多發病」。對此，一些著名作家，

傻瓜哲學
人生很難，那是因為你不懂裝傻

採用一些奇妙而有趣的方法驅除失眠，效果極佳。

法國著名作家盧梭在年輕時就因用腦過度而嚴重失眠。

一次，他跟別人上山採藥，回家便睡，而且睡得異常深沉。自此以後，他每天除了寫作之外，一有空暇，不是種植花草，便是餵鴿養鳥。輕微的體力勞動不僅換來了庭院姹紫嫣紅，鳥兒喞啾，而且使他多年的失眠症也不治而癒。

而美國小說家海明威對付失眠的方法是去湖上玩得盡興而歸。英國作家狄更斯一直保持著頭南腳北的睡覺方式，再也沒有失眠過。法國大仲馬用吃蘋果睡覺的方法解決失眠的問題。俄國大文豪列夫·托爾斯泰在夜以繼日地寫名著《安娜·卡列尼娜》的過程中，常常失眠。為了驅除失眠，他每次上床前要做約半小時的器械體操。德國詩人歌德有一次患失眠症，於是他暫停寫作，到著名的佛羅倫斯旅遊，使他心曠神怡，失眠症也不治而愈。

睡眠研究專家斷言，午睡已逐漸演化成人類自我保護的方式。在健康意識日益增強的今天，午睡的保健意義已為人們普遍重視，條件允許的話，每個人都應在午飯後小睡片刻。

有趣的是，中國古代詩人，儘管不能像現代人那樣對午睡益處說出一番科學道理來，但他們對午睡帶來的獨特情趣，卻早有了深切的體味。他們在自己的詩中將午睡分成幾個境界，各具情態，讓我們分享一下他們的「睡趣」。

初入睡境，處於將睡未睡的狀態：「飽食緩行初睡覺，一甌新茗侍兒煎。脫巾斜倚繩床坐，風送水聲來耳邊。」──丁崖州

正入睡境，漸進夢鄉：「面對蒲團睡味長，主人與客兩相忘。須臾客去主人睡，一半西窗無夕陽。」──陸遊

初離睡境，此時已睡初醒：「讀書已覺眉棱重，就枕方欣骨節和。睡起不知天早晚，西窗殘日已無多。」——僧人有規詩。

難入睡境，睡而不熟態：「老讀文書只易瀾，睡知養病不如閒。竹床瓦枕虛堂上，臥看江南雨後山。」——呂榮陽詩。

脫離睡境，正當酣睡已醒時：「紙屏瓦枕竹方床，手倦拋書午夢長。睡起宛然成獨笑，數聲鳴笛在滄浪。」——蔡持正詩。

蘇東坡不僅是我國宋代的大文豪，而且對養生也頗有研究。蘇東坡飲食有「八字方針」為：「已饑方食，未飽先止。」意思是指飲食的時間應該是在產生饑餓之感的時候，這樣才能食之有味；另外飲食不可過量，不可吃到全飽才停筷。他還十分注重飯後「散步追逐」，其目的是「務令腹空」。使食物逐漸消化，這對於上了年紀的老人尤為重要。

蘇東坡認為飲茶對人體有裨益，它可以「除煩去膩」，疏通體內「管道」，幫助消化，因而日常生活「不可缺茶」。但飲茶過多過濃會「暗中損人」，有害無益。他還提倡飯後「以茶水漱口」，認為有兩點好處：一是「煩膩既出，而脾胃不知」就是說既清除了飯後的煩膩之感，而又對脾胃毫無損傷；其二是「肉在齒間，消縮兌去，不煩挑剔」，以茶水漱口可以清洗嵌留於齒縫中的雜物，免去剔牙的麻煩。

◆ 身心共修最健康

時常回憶愉快往事，這有助於派遣孤獨、寂寞情緒，保持旺盛精力，增進智慧使心情舒暢。

以靜修神也是一項健身術。雖說「生命在於運動」，以靜養「神」

傻瓜哲學
人生很難，那是因為你不懂裝傻

也可以起到健助身心的作用。閉目修心，靜坐安神。思想放鬆，自然均勻呼吸，雙肩微垂，作合眼休息狀，時間安排在清晨和餐睡前。

情緒穩定，音樂怡神。餘暇時以欣賞的角度去收聽音樂，如同讓思維在歡樂的氣氛中跳舞。

勤學動腦，延壽益神。經常讀書學習或揮毫潑墨，加強手、眼、腦的協調合作，既陶冶情操又振奮精神。

素食飲茶，健身提神。少葷多素、戒煙少酒、合理搭配飲食，以飲茶調節體內代謝功能。「菜果茶葉全是寶，常飲多食身體好」，它們還可預防心腦血管和糖尿病等症。

保持童趣，悠然助神。時常回憶愉快往事，這有助於派遣孤獨、寂寞情緒，保持旺盛精力，增進智慧使心情舒暢。

俗話說，病從腳底生。透過按摩腳心，可以促進體內血液、淋巴迴圈和組織間的代謝，也使全身感到一種輕鬆和愉快，還可以鍛鍊腳步肌肉。

此法很簡單，每天晚上用花椒水泡腳半小時，用左手摩擦右腳心湧泉穴，用右手摩擦左腳心湧泉穴各百次，以達到壯體強身的目的。

第十二章 心靈定律

身心共修最健康

官網

國家圖書館出版品預行編目資料

傻瓜哲學：人生很難．那是因為你不懂裝傻 /
韓立儀著 . -- 第一版 . -- 臺北市：崧燁文化，
2020.08
　　面；　公分
POD 版
ISBN 978-986-516-453-9(平裝)
1. 人生哲學 2. 自我實現
191.9　　　109012282

傻瓜哲學：人生很難，那是因為你不懂裝傻

臉書

作　　　者：韓立儀　著
發 行 人：黃振庭
出　　版：崧燁文化事業有限公司
發 行 者：崧燁文化事業有限公司
E - m a i l：sonbookservice@gmail.com
粉 絲 頁：https://www.facebook.com/sonbookss/
網　　址：https://sonbook.net/
地　　址：台北市中正區重慶南路一段六十一號八樓 815 室
Rm. 815, 8F., No.61, Sec. 1, Chongqing S. Rd., Zhongzheng Dist., Taipei City 100,
Taiwan (R.O.C)
電　　話：(02)2370-3310　　　傳　　真：(02) 2388-1990
總 經 銷：紅螞蟻圖書有限公司
地　　址：台北市內湖區舊宗路二段 121 巷 19 號
電　　話：02-2795-3656　　　傳　　真：02-2795-4100
印　　刷：京峯彩色印刷有限公司（京峰數位）

定　　價：320 元
發 行 日 期： 2020 年 8 月第一版
◎本書以 POD 印製

獨家贈品

親愛的讀者歡迎您選購到您喜愛的書，為了感謝您，我們提供了一份禮品，爽讀 app 的電子書無償使用三個月，近萬本書免費提供您享受閱讀的樂趣。

ios 系統　　　　安卓系統　　　　讀者贈品

請先依照自己的手機型號掃描安裝 APP 註冊，再掃描「讀者贈品」，複製優惠碼至 APP 內兌換

優惠碼（兌換期限 2025/12/30）
READERKUTRA86NWK

爽讀 APP

- 🖥 多元書種、萬卷書籍，電子書飽讀服務引領閱讀新浪潮！
- 🎧 AI 語音助您閱讀，萬本好書任您挑選
- 🔍 領取限時優惠碼，三個月沉浸在書海中
- ⚠ 固定月費無限暢讀，輕鬆打造專屬閱讀時光

不用留下個人資料，只需行動電話認證，不會有任何騷擾或詐騙電話。